政府与社会资本合作（PPP）模式基础知识系列丛书

PPP 核心业务操作指南

主　　审　姚　兵　孟　春
名誉主编　马海顺
主　　编　姚海林　梁　舰
副 主 编　卢　敦　张琼琼　翟　龙

中国建材工业出版社

图书在版编目(CIP)数据

PPP核心业务操作指南/姚海林,梁舰主编. --北京:中国建材工业出版社,2018.2

(政府与社会资本合作(PPP)模式基础知识系列丛书)

ISBN 978-7-5160-2170-5

Ⅰ.①P… Ⅱ.①姚… ②梁… Ⅲ.①政府投资—合作—社会资本—研究—中国 Ⅳ.①F832.48 ②F124.7

中国版本图书馆CIP数据核字(2018)第026709号

内 容 简 介

本书从PPP业务专业服务的角度,探讨如何执行全过程方案编制和咨询业务,依据法律法规和政策要求,从项目识别策划开始,直到合同签约落地,通过精准的政策解读和规范的操作解析,辅之以实践应用和案例讲解,旨在保障PPP项目的落地质量,协助促进PPP模式的持续健康发展。

本书可做为大中专院校、社会培训机构的培训教材,也可供政府部门和地方政府投融资平台领导及业务骨干工作参考;是专业服务机构和相关行业(城市基础建设、城市供水、供暖、供气、污水和垃圾处理、保障性安居工程、地下综合管廊、轨道交通、文体卫生和养老服务设施等企事业单位)负责人与专业人员学习参考及快速入门的良师益友。

PPP核心业务操作指南

主　　审　姚　兵　孟　春
名誉主编　马海顺
主　　编　姚海林　梁　舰
副 主 编　卢　敦　张琼琼　翟　龙

出版发行:中国建材工业出版社
地　　址:北京市海淀区三里河路1号
邮　　编:100044
经　　销:全国各地新华书店
印　　刷:北京雁林吉兆印刷有限公司
开　　本:787mm×1092mm 1/16
印　　张:10.5
字　　数:160千字
版　　次:2018年2月第1版
印　　次:2018年2月第1次
定　　价:108.00元

本社网址:www.jccbs.com　微信公众号:zgjcgycbs
本书如出现印装质量问题,由我社市场营销部负责调换。联系电话:(010)88386906

本书编委会

主　　审　姚　兵　孟　春
名誉主编　马海顺
主　　编　姚海林　梁　舰
副 主 编　卢　敦　张琼琼　翟　龙
编　　委（按姓氏笔画顺序）
　　　　　王　钊　艾文彪　申德海
　　　　　苏　勇　李艳艳　杨贺龙
　　　　　吴智勇　何克增　陈　辉
　　　　　张旭明　张　胜　胡继萍
　　　　　黄思雄　阎运虎　滑海防
　　　　　霍晓亮　魏国强

序（一）

党的十八届三中全会《决定》提出"加强中国特色新型智库建设，建立健全决策咨询制度"后，中国特色新型智库建设更是势头强劲、成绩斐然，为各级党政部门决策提供了有益参考。2013年至今，本轮政府和社会资本合作（PPP）大潮除了超10万亿投资的近2万个PPP项目外，还涌现出一大批致力于区域经济可持续发展的咨询机构，为PPP项目的落地提供了有力的智力支持。但同时也要看到，当前PPP咨询行业还处于高速发展时期，还存在重数量、轻质量等众多突出问题，咨询机构的思想高度、创新程度和问题意识都还不尽如人意，有重大影响的研究成果还不多。

习近平总书记强调："智库建设要把重点放在提高研究质量、推动内容创新上。要加强决策部门同智库的信息共享和互动交流，把党政部门政策研究同智库对策研究紧密结合起来，引导和推动智库建设健康发展、更好发挥作用。"北京中建政研信息咨询中心作为本轮PPP大潮咨询的先行者，此次编制的《PPP核心业务操作指南》紧密联系国家最新政策，以自身全程操作的50多个省级示范项目、30多个国家级示范项目为蓝本，两个国家级课题和数十个地方省市级课题为基础，以精益求精的工匠精神，为PPP咨询行业提供了不可多得的宝贵经验，值得广大PPP咨询工作者在今后的工作中借鉴。

道有大节，理有大致。在此，我也真心地希望我们PPP咨询工作者能够寄情国运、志怀高远，以甘为孺子牛的忘我奉献精神，为建设我国新时期的新型智库添砖加瓦。

原住建部党组成员、总工程师　姚兵

序（二）

2013年底以来，按照党中央和国务院的部署，财政部、发改委等相关部委在基础设施公共服务领域推行PPP改革。经过四年探索发展，PPP改革实践取得突破性进展。

第一，涵盖不同层次、不同领域，从宏观到微观、从原则到细则的制度体系初步建立，中国PPP制度建设经验正得到国际社会越来越多的认可，为探索运用PPP模式的其他国家提供了借鉴。第二，让政府、企业、民众优势互补、各展所长的全国统一PPP大市场初步建立。截至2017年11月底，全国PPP综合信息平台已收录项目1.4万个，计划投资额17.5万亿元，已落地项目投资额4.4万亿元，覆盖19个行业。从规模、广度、深度和影响力来讲，中国市场已是全球最大的PPP市场。第三，PPP改革综合效益初步显现。从政府侧看，PPP推动政府职能转变，加快法治政府、信用政府、服务政府建设，把"放管服"改革落到实处；从市场侧看，PPP强调尊重市场规律、供求规律、竞争规律，充分发挥市场在资源配置中的决定性作用，释放市场创新活力；从公众侧看，全生命周期公开透明让老百姓有了监督的渠道和手段。

改革永远在路上。2014年11月，财政部出台《政府和社会资本合作模式操作指南》（财金〔2014〕113号文），对PPP操作流程作出了详细规定。但在实践中，由于PPP涉及领域广泛、问题复杂，一些新问题、新需求的出现，对操作流程的进一步细化深化提出了要求。北京中建政研信息咨询中心作为PPP实践的先行者，为近500个PPP项目提供过咨询服务，其中包括50多个省级示范、30多个国家级示范，积累了大量宝贵经验。在一线探索中，他们在遵守政策文件的基础上，结合实际需求做出不少创新，编制了《实施方案操作指南》《物有所值评价操作指南》《财政承受能力论证操作指南》《PPP项目合同操作指南》等指导公司内部的操作文件。这些有益的探索应当和业界分享。

  本书内容详实、重点突出、实用性强，希望这本书的出版，能够给PPP工作者一些参考，为PPP事业的健康可持续发展贡献一份力量。

国务院发展研究中心宏观部副部长，
研究员，博士生导师

作者简介

姚海林

北京中建政研信息咨询中心 副主任、技术总工

财政部PPP专家库专家

中国经济体制改革研究会产业改革与企业发展委员会PPP专家委员会委员

历任北京市邦成律师事务所律师、北京晓清环保工程有限公司法务经理、北京锦略律师事务创始合伙人，参与了多个BOT投资项目决策、建设、转让等事项，有多年工程法律、PPP项目法律实务及诉讼经验。

作者简介

梁舰

现任：
中建政研集团董事长
北京中建政研信息咨询中心主任
星云基金创始合伙人
财政部PPP专家库专家

兼任：
全国工商联房地产商会新型城镇化产业发展分会副秘书长
住建部中国房地产业协会房地产市场与住房保障研究分会副秘书长
中国经济体制改革研究会产业改革与企业发展委员会副秘书长兼PPP咨询与研究中心主任
中国人民大学民商事法律科学研究中心建筑房地产研究所特约研究员
北京市法学会不动产法研究会常务理事

曾任：
住房城乡建设部政策研究中心咨询培训部主任

梁舰先生多年来致力于政策研究与行业服务，以推动行业发展为己任，2010年，在行业内率先提出"咨询培训超市"和"服务外包"概念，是中国新形势下PPP模式的首批研究者和践行者，针对PPP的理论研究非常具有代表性及行业发展前瞻性。

前　　言

自国家大力推广运用政府和社会资本合作（PPP）模式以来，PPP工作取得明显进展，项目落地不断加快，为稳增长、促改革、惠民生发挥了重要作用。短短数年时间，就形成了超过10万亿元的PPP项目规模，政府财政部门、项目主管部门以及大量社会资本，都投入了巨大的人力、物力到PPP项目当中。由于市场规模庞大，需求旺盛，PPP咨询业务也迅速增长，许多工程咨询、招标代理、造价咨询、管理咨询、律师事务所、会计师事务所等机构纷纷参与PPP咨询业务，仅进入财政部政府和社会资本合作中心咨询机构库的PPP咨询机构就有404家之多。但是，由于时间短，项目多，人才积累不足以及PPP模式本身的综合性和复杂性，造成大量的PPP项目前期论证不深入，合同等交易文件粗制滥造，项目质量普遍不高。另外，一些项目参与方将PPP模式异化为地方政府的融资方式，增加了地方政府债务风险。因此，规范PPP项目管理，提高项目顶层方案设计、论证文件、招采文件、合同文本质量，以形成稳定的市场预期，将成为今后几年PPP各参与主体的共同目标。

北京中建政研信息咨询中心，作为较早参与PPP项目的咨询机构，几年来参与咨询项目近千个，项目总投资额超万亿，积累了丰富的实践经验。为了响应财政部加强PPP咨询规范自律的号召，探索行业标准，通过内部质量控制和复核，逐步整理文件，编写此书。本书站在专业服务的角度，探讨如何执行全过程方案编制和咨询业务，依据法律法规和政策要求，从项目识别策划开始，直到合同签约落地，通过精准的政策解读和规范的操作解析，辅之以实践应用和案例讲解，旨在保障PPP项目的落地质量，协助促进PPP模式的持续健康发展。本书在编写过程中，关注几大要点：

（1）规范性：文件引用和解读。本书将2014年以来的数十个PPP政策进行了梳理，并加以分类。本书并非机械引用各个政策，而是综合各政策的前后逻辑关系以及政策演变过程，对政策加以解读，根据政策内涵指导咨询文件编制和项目操作。例如，对于财金〔2014〕21号文中的财政承受能力论证公式，我们并不认为是用来指导制定财政补贴机制的。因此，本书在确保规范性的基础上，对政策文件进行了进一步的解读，深入到了应用层面。

（2）操作性：全过程分步操作并配有报表、示例。本书以实战经验为基础，对PPP项目操作全过程进行分解，分步介绍操作程序及注意事项。我们还结合自身经验，对每一步具体操作的做法给出了示范或样例。特别是对财务测算部分，我们结合实例列出了相应报表。帮助读者增加对PPP项目的直观感受，深入体会PPP项目的理念。

（3）创新性：本书中提出了一些鲜明的观点。例如：①我们认为两招并一招需要具备5个条件；②关于实施方案的深度标准，我们提出了两条衡量尺度；③关于项目合同签署主体及程序，我们认为只有项目公司签署关于承继项目合同的补充合同方式最为可取；④我们建议不设置项目合同生效的前提条件，等等。我们认为这是一种有益的探索，希望能与业内人士相互交流，共同提高。

本书内容分为七章，分别为PPP咨询业务概述、项目（初步）实施方案、物有所值评价、财政承受能力论证、财务测算、项目采购、项目合同。内容包括了PPP项目的核心程序及项目文件，较为全面地论述了从项目识别准备到采购签约的各项工作如何组织，文件如何编制。

本书所引用案例和报表工具均源自中建政研的实践案例和成果知识库。对于咨询机构行业同仁，本书是一种技术探讨和交流，我们希望能对PPP咨询行业标准形成贡献点滴。对于PPP项目参与各方人员，如财政、发改、PPP中心、项目实施机构、社会资本以及金融机构中PPP业务相关工作人员，我们希望本书能够启发或帮助其了解PPP项目程序、深入理解项目文件的逻辑。由于咨询服务行业业界本身的智力标准过宽的属性以及学术界尚存在诸多争议，加之自身能力局限，书中难免有错误存在，希望能得到读者的谅解，也希望能给予批评指正。

最后，我们要向给予本书大力支持的中建政研集团有限公司、北京中建政研信息咨询中心全体同事，以及长期信任我们的所有客户，表示衷心地感谢。

北京中建政研信息咨询中心副主任、技术总工
财政部PPP专家库专家　　姚海林

系列丛书组稿函

由马海顺老师牵头，与中国建材工业出版社共同筹划的《政府与社会资本合作（PPP）模式系列丛书》将陆续与广大读者朋友们见面，敬请关注：

◎ 政府与社会资本合作（PPP）模式基础知识系列丛书
- 政府与社会资本合作（PPP）模式（已出版）
- PPP核心业务操作指南（已出版）
- PPP模式项目产业基金运作
- PPP模式项目资产证券化

◎ 行业PPP模式项目操作实务系列丛书（以行业为单位编写）

◎ 区域PPP模式项目操作实务系列丛书（以省级区域为单位编写）

◎ PPP模式项目案例系列丛书
- 行业PPP模式项目案例系列丛书（以行业为单位编写）
- 区域PPP模式项目案例系列丛书（以省级区域为单位编写）

◎ PPP模式项目发展报告系列丛书
- 行业PPP模式项目发展报告系列丛书（以行业为单位编写）
- 区域PPP模式项目发展报告系列丛书（以省级区域为单位编写）
- 年度PPP模式项目发展报告系列丛书（以年度为单位编写）

现诚邀从事PPP相关业务的专家学者、机构领导与业界同仁广泛参与指导与编写工作，同时欢迎高校师生参与PPP方面的课题研发，愿与大家携手，群策群力，共同做好PPP业务的理论研究与实操合作。

目 录

第一章　PPP 咨询业务概述 … 1
一、PPP 概述 … 1
（一）PPP 的定义 … 1
（二）PPP 在国内的起源和发展 … 2
（三）运用 PPP 模式的作用和意义 … 3
二、PPP 咨询业务分类 … 4
三、人员要求 … 6
（一）职业道德要求 … 6
（二）专业能力要求 … 6
四、主要政策法规 … 6
（一）推广类政策 … 6
（二）程序、指引及管理类政策 … 7
（三）招标采购类政策 … 8
（四）行业类政策 … 9
（五）相关基础法规 … 10
五、基本程序要求 … 11
（一）业务执行程序 … 11
（二）PPP 项目程序 … 12

第二章　项目（初步）实施方案 … 18
一、信息收集与整理 … 18
（一）项目信息 … 19
（二）行业信息 … 21
（三）信息整理 … 21
二、思路论证 … 21
（一）思路的内容 … 21
（二）思路的论证 … 22
三、扉页和前言 … 23

  （一）扉页 ··· 23
  （二）前言 ··· 24
 四、项目概况 ··· 24
  （一）项目基本信息 ·· 24
  （二）项目经济技术指标 ·· 25
  （三）采用PPP模式的必要性和可行性，以及项目运作的目标和意义 ··· 26
 五、风险分配 ··· 26
  （一）风险识别与分配 ··· 26
  （二）风险分配表 ··· 29
  （三）风险防范措施 ·· 29
 六、运作方式 ··· 29
  （一）运作方式的选择 ··· 29
  （二）项目运作安排 ·· 30
 七、交易结构 ··· 32
  （一）交易结构 ·· 32
  （二）回报机制 ·· 33
  （三）相关配套安排、政府承诺和保障 ······································ 36
 八、合同体系 ··· 36
  （一）合同体系 ·· 37
  （二）项目边界条件 ·· 37
 九、监管架构 ··· 37
  （一）授权关系 ·· 37
  （二）监管方式 ·· 38
 十、采购方式 ··· 38
  （一）采购方式 ·· 38
  （二）采购程序 ·· 39
  （三）关键事项 ·· 40
 十一、其他 ·· 42
第三章　物有所值评价 ·· 43
 一、物有所值评价介绍 ··· 43
  （一）编制目的和依据 ··· 43
  （二）物有所值及物有所值评价的定义 ······································ 43
  （三）物有所值评价框架 ·· 44

（四）物有所值评价准备资料 ································· 45
　　（五）物有所值评价报告大纲 ································· 45
二、定性评价 ··· 45
　　（一）确定定性分析指标 ····································· 46
　　（二）组成专家小组 ··· 48
　　（三）召开专家小组会议 ····································· 48
　　（四）作出定性分析结论 ····································· 51
三、定量评价 ··· 51
　　（一）物有所值定量分析的基本思路 ··················· 51
　　（二）物有所值定量分析主要步骤 ······················· 52
　　（三）选取参照项目 ··· 52
　　（四）PSC 的值计算 ·· 52
　　（五）PPP 值的计算 ··· 55
　　（六）物有所值量值和指数计算 ··························· 59
四、评价结论 ··· 60
　　（一）定性评价结论 ··· 60
　　（二）定量评价结论 ··· 61

第四章　财政承受能力论证 ····································· 62

一、财政承受能力论证基本介绍 ······························ 62
　　（一）财政承受能力论证目的和依据 ··················· 62
　　（二）财政承受能力论证定义 ······························ 62
　　（三）论证及审批流程 ··· 62
　　（四）报告编制基本要求 ····································· 63
二、责任识别 ··· 64
　　（一）股权投资支出责任 ····································· 65
　　（二）运营补贴支出责任 ····································· 65
　　（三）风险承担支出责任 ····································· 65
　　（四）配套投入支出责任 ····································· 65
三、支出测算 ··· 66
　　（一）股权投资支出 ··· 66
　　（二）运营补贴支出 ··· 66
　　（三）风险承担支出 ··· 67
　　（四）配套投入支出 ··· 68

  四、能力评估 ·· 68
   （一）财政承受能力评估 ································ 68
   （二）行业和领域均衡性评估 ···························· 70
   （三）论证结论 ······································· 70

第五章　财务测算 ·· 71
  一、财务测算的目的 ·· 71
  二、财务测算原则要求 ······································ 71
  三、财务测算基本流程 ······································ 71
  四、财务测算步骤及应注意的问题 ···························· 73
   （一）项目融资前分析 ·································· 73
   （二）项目融资后分析 ·································· 77
  五、财务测算案例 ·· 86
   （一）项目融资前分析 ·································· 86
   （二）项目融资后分析 ·································· 94
  六、实施方案中的财务测算要求 ····························· 103
   （一）财务假设 ······································ 103
   （二）财务测算过程和财务分析 ························· 103
   （三）实施方案中应放的表格 ··························· 103

第六章　采购代理 ··· 105
  一、采购代理业务准备工作 ································· 105
   （一）采购代理协议签订 ······························· 105
   （二）项目所在地备案入场 ····························· 106
   （三）政府采购网和公共资源交易中心网账号及CA锁办理 ····· 106
   （四）协助实施机构办理采购批复和项目登记 ············· 106
   （五）制订项目采购计划及采购实施程序 ················· 106
  二、资格预审 ··· 107
   （一）资格预审文件编制 ······························· 107
   （二）资格预审文件内部审核及专家论证 ················· 108
   （三）资格预审公告和资格预审报名 ····················· 108
   （四）资格预审评审专家抽取 ··························· 109
   （五）资格预审评审 ··································· 109
   （六）资格预审结果公示 ······························· 111
  三、综合评审 ··· 111

（一）编制采购文件 …………………………………… 111
　　（二）发布采购公告 …………………………………… 112
　　（三）评审小组组建 …………………………………… 113
　　（四）开标、评审 ……………………………………… 114
　　（五）采购确认谈判 …………………………………… 117
　　（六）公示、公告 ……………………………………… 118
　　（七）合同签订 ………………………………………… 118
　　（八）合同公示 ………………………………………… 118
　　（九）保证金退还 ……………………………………… 119

第七章　项目合同 ……………………………………………… 120
　一、总则 …………………………………………………… 120
　二、引言、定义和解释 …………………………………… 124
　　（一）PPP 项目合同主体 ……………………………… 124
　　（二）签署时间和地点 ………………………………… 125
　　（三）背景和目的 ……………………………………… 125
　　（四）生效条件 ………………………………………… 125
　　（五）定义和解释 ……………………………………… 125
　三、项目公司 ……………………………………………… 126
　　（一）项目公司设立要求 ……………………………… 126
　　（二）项目公司经营管理 ……………………………… 126
　　（三）股权变更限制 …………………………………… 126
　四、项目的范围和期限 …………………………………… 127
　　（一）项目的范围 ……………………………………… 127
　　（二）合作期限 ………………………………………… 128
　五、项目的投融资 ………………………………………… 128
　　（一）项目融资 ………………………………………… 128
　　（二）项目投资 ………………………………………… 129
　六、项目前期工作 ………………………………………… 129
　　（一）前期工作 ………………………………………… 129
　　（二）前期工作主责方 ………………………………… 130
　　（三）时限和费用 ……………………………………… 130
　七、项目建设或转让 ……………………………………… 131
　　（一）项目建设 ………………………………………… 131

（二）项目转让 …………………………………………………… 132
八、项目运营和维护 ……………………………………………………… 133
九、项目移交 ……………………………………………………………… 134
　（一）期满移交 …………………………………………………… 134
　（二）提前移交 …………………………………………………… 134
十、项目收入 ……………………………………………………………… 134
　（一）政府付费项目 ……………………………………………… 135
　（二）使用者付费项目 …………………………………………… 136
　（三）可行性缺口补助项目 ……………………………………… 136
　（四）税费 ………………………………………………………… 137
　（五）上级补贴 …………………………………………………… 138
十一、履约担保 …………………………………………………………… 138
　（一）担保方式 …………………………………………………… 138
　（二）担保事项 …………………………………………………… 139
　（三）常见问题 …………………………………………………… 139
十二、保险 ………………………………………………………………… 139
十三、不可抗力和法律变更 ……………………………………………… 140
　（一）不可抗力 …………………………………………………… 140
　（二）法律变更 …………………………………………………… 140
十四、违约责任 …………………………………………………………… 141
　（一）政府方常见的违约情形 …………………………………… 141
　（二）社会资本（或项目公司）常见的违约情形 ……………… 141
十五、合同解除 …………………………………………………………… 141
　（一）合同解除权 ………………………………………………… 142
　（二）终止补偿 …………………………………………………… 142
十六、股东合同和项目公司章程 ………………………………………… 142
十七、其他 ………………………………………………………………… 143

第一章　PPP 咨询业务概述

一、PPP 概述

（一）PPP 的定义

PPP 是英文 Public Private Partnership 的缩写，应直译为"公私合作伙伴关系"。PPP 历史悠久，在世界范围内应用广泛，但到目前为止，仍未形成一个统一、明确的定义。

由于我国大量国有企业在基础设施建设领域非常活跃，PPP 采用了"政府和社会资本合作"的概念。我国对 PPP 尚未立法，因此，目前官方定义以两个主管部委和国务院的政策文件为准。

财政部《关于推广运用政府和社会资本合作模式有关问题的通知》（财金〔2014〕76 号）给出的定义为：政府和社会资本合作模式是在基础设施及公共服务领域建立的一种长期合作关系。通常模式是由社会资本承担设计、建设、运营、维护基础设施的大部分工作，并通过"使用者付费"及必要的"政府付费"获得合理投资回报；政府部门负责基础设施及公共服务价格和质量监管，以保证公共利益最大化。

国家发展和改革委员会（简称发改委）关于开展政府和社会资本合作的指导意见（发改投资〔2014〕2724 号）给出的定义为：政府和社会资本合作（PPP）模式是指政府为增强公共产品和服务供给能力、提高供给效率，通过特许经营、购买服务、股权合作等方式，与社会资本建立的利益共享、风险分担及长期合作关系。

国务院办公厅转发财政部、发改委、中国人民银行《关于在公共服务领域推广政府和社会资本合作模式指导意见的通知》（国办发〔2015〕42 号）是这样定义的：政府采取竞争性方式择优选择具有投资、运营管理能力的社会资本，双方按照平等协商原则订立合同，明确责权利关系，由社会资本提供公共服务，政府依据公共服务绩效评价结果向社会资本支付相应对价，保证社会资本获得合理收益。

(二) PPP 在国内的起源和发展

PPP 模式是被世界银行及亚洲开发银行作为一种新兴的项目融资方式引入中国的,与中国政府当时对外商投资的急切需求不谋而合。

国内早期应用 PPP 的领域是能源和交通领域。原国家计委、电力工业部、交通部曾于 1995 年发布专门文件《关于试办外商投资特许权项目审批管理有关问题的通知》(计外资〔1995〕1208 号)。该文件给出了这样的定义:本通知所称外商投资特许权项目,是指外商建设—运营—移交的基础设施项目。政府部门通过特许权协议,在规定的时间内,将项目授予外商为特许权项目成立的项目公司,由项目公司负责该项目的投融资、建设、运营和维护。特许期满,项目公司将特许权项目的设施无偿移交给政府部门。试点范围为:建设规模为 2×30 万千瓦及以上火力发电厂、25 万千瓦以下水力发电厂、30—80 公里高等级公路、1000 米以上独立桥梁和独立隧道及城市供水厂等项目。

2004 年起,PPP 模式开始在市政公用事业领域大量应用。一个重要标志是原建设部于 2004 年 3 月发布了《市政公用事业特许经营管理办法》(建设部令第 126 号)。文件明确适用领域为城市供水、供气、供热、公共交通、污水处理、垃圾处理等行业,要求通过市场竞争机制选择投资者或者经营者,规定特许经营期最长不超过 30 年。此后,在水务、供热、供气、垃圾处理等领域,PPP 模式被广泛应用,并且具体运作方式也从单一的 BOT 衍生出 TOT、ROT 等。

PPP 的全面推广,是自 2014 年开始的,由财政部和国家发改委主导。这与中央政府试图控制地方政府债务息息相关。2014 年下半年,国发〔2014〕43 号文、财金〔2014〕76 号文、发改投资〔2014〕2724 号文、财金〔2014〕113 号文、财库〔2014〕214 号文、财库〔2014〕215 号文、财金〔2014〕156 号文集中发布,大力推广 PPP 模式。

2015 年,六部委 25 号令、财金〔2015〕21 号文、发改法规〔2015〕1508 号文、财金〔2015〕166 号文、财金〔2015〕167 号文、财预〔2015〕225 号文等文件出台。也是在 2015 年,财政部第二批示范项目评选,大量政府付费项目开始运用 PPP 模式,PPP 模式应用高潮出现了。

2016 年,PPP 模式持续推广,财政部推出第三批示范项目,财政和发改完成分工,政策进一步完善,PPP 程序政策及管理体系基本成型。2016 年相继发布了发改投资〔2016〕1744号文、财金〔2016〕90号文、财金〔2016〕92号文、发改投资〔2016〕2068号文、财办金〔2016〕118号文、发改投资〔2016〕2231号文等文件。

2017年,被普遍认为是PPP规范年,截止目前已经发布的文件包括发改投资〔2017〕1266号文、财建〔2017〕455号文、财金〔2017〕86号文、财办金〔2017〕92号文、国资发财管〔2017〕192号文、发改投资〔2017〕2059号文、发改农经〔2017〕2119号文、财金〔2017〕50号文、财金〔2017〕55号文等。

截至2017年9月底,仅财政部PPP项目综合信息平台入库项目已达14220个,累计投资额17.8万亿元。其中,6778个项目处于准备、采购、执行和移交阶段,纳入管理库,投资额10.1万亿元;7442个项目处于识别阶段,纳入储备库,投资额7.7万亿元。

(三) 运用PPP模式的作用和意义

相关文件提到,"推广PPP模式对于加快新型城镇化建设、提升国家治理能力、构建现代财政制度具有重要意义。""开展政府和社会资本合作,有利于创新投融资机制,拓宽社会资本投资渠道,增强经济增长内生动力;有利于推动各类资本相互融合、优势互补,促进投资主体多元化,发展混合所有制经济;有利于理顺政府与市场关系,加快政府职能转变,充分发挥市场配置资源的决定性作用。""政府和社会资本合作模式有利于充分发挥市场机制作用,提升公共服务的供给质量和效率,实现公共利益最大化。"

用通俗的语言总结PPP模式的作用和意义,主要有以下两点:

1. 解决地方政府资金不足的问题

提供公共产品和服务是各级政府的责任。但是随着城镇化的进程加快,公共服务需求快速增长,地方政府投资资金显得捉襟见肘。特别是中央近年来不断加强对地方政府举债路径的控制,使得地方政府直接投资能力降低。如果采用PPP模式,项目最初几年的建设期,政府只需要承担少量出资,甚至不出资。例如,一个总投资10亿元的项目,资本金一般为20%,如果政府持股10%,则政府在建设期只要出资2000万元即可。可见,采用PPP模式实际上起到了杠杆作用,极大地提高了地方政府投资公共服务项目的能力。

2. 提升公共服务的供给质量和效率

公共服务领域中，传统政府投资模式问题较多，饱受诟病。往往存在先决策、后研究，重建设、轻运营，建设与运营脱节，运营效率低下等问题。例如，许多项目的投资是形象工程，使用需求很小。再如，我们看到的多数项目的可行性研究报告，对建设方案与投资估算都有详细描述，但鲜有详细论证项目市场需求、运营成本与效益的。还有，政府一般设立事业单位专门负责公共基础设施的运营维护，存在缺乏激励、效率低下的问题。

PPP模式则是引入市场竞争机制，利用企业逐利的动机实现激励相容，通过优化管理和技术创新降低项目全生命周期成本。例如，由社会资本投资建设污水处理设施，政府对项目需求（今后有多少污水量）的判断会结合社会资本的判断，增加项目决策的科学性。由于社会资本既负责投资建设，又负责运营，在收费价格确定的前提下，社会资本将着眼于长远，综合考虑工艺技术、投资成本、运营成本，做出最优选择。另外，由于社会资本需要通过竞争才能取得投资运营权，对于政府来说，选择收费价格相对较低的投资人将取得项目全生命周期成本降低的效果。可见，是市场机制的引进和激励相容机制的设计，实现了提升公共服务的供给质量和效率的目标。

二、PPP咨询业务分类

根据财政部《政府和社会资本合作（PPP）咨询机构库管理暂行办法》（财金〔2017〕8号），PPP咨询服务是指与PPP项目相关的智力支持服务，包括但不限于PPP项目的实施方案编制、物有所值评价、财政承受能力论证、运营中期评估和绩效评价以及相关法律、投融资、财务、采购代理、资产评估服务等。

财政部对PPP咨询的定义着眼于为政府方提供的服务。而大量社会资本、金融机构以及项目公司也都对PPP咨询有一定的需求。因此，我们从项目阶段角度对PPP咨询业务进行一个简单归纳，如表1-1所示。

表 1-1 PPP 项目阶段咨询业务的情况

PPP项目阶段	序号	PPP项目相关业务	主要委托方	业务成果
项目识别	1	项目发起及项目筛选咨询业务	行业主管部门、实施机构或财政、发改等PPP主管部门	相关咨询意见或建议书
项目识别	2	编制项目初步实施方案或项目建议书	行业主管部门、实施机构或社会资本	初步实施方案或项目建议书
项目识别	3	项目识别阶段的物有所值评价	行业主管部门、实施机构或财政部门	物有所值评价报告
项目识别	4	项目识别阶段的财政承受能力论证	行业主管部门、实施机构或财政部门	财政承受能力论证报告
项目准备	5	项目实施方案的编制	实施机构	项目实施方案
项目准备	6	项目准备阶段的物有所值评价	财政部门或实施机构	物有所值评价报告
项目准备	7	项目准备阶段的财政承受能力论证	财政部门或实施机构	财政承受能力论证报告
项目准备	8	项目实施方案的审核评估	实施机构、财政部门或社会资本	实施方案审核评估报告
项目采购	9	协助政府进行市场测试	实施机构	市场测试文件
项目采购	10	协助政府对社会资本进行资格预审	实施机构	资格预审文件和评审报告
项目采购	11	协助政府制订项目采购文件	实施机构	项目采购文件
项目采购	12	协助社会资本制订项目响应文件	社会资本	项目响应文件
项目采购	13	对社会资本的尽职调查	实施机构	尽职调查报告
项目采购	14	PPP项目合同草拟及合同审核评估	实施机构或社会资本	协议合同草案或咨询意见
项目采购	15	项目采购阶段的物有所值评价	财政部门或实施机构	物有所值评价报告
项目执行	16	协助设立项目公司	实施机构或社会资本或项目公司	公司章程、股权协议、内控制度草案
项目执行	17	融资咨询	实施机构或社会资本或项目公司	相关咨询意见或建议书
项目执行	18	项目绩效监测与支付评审	实施机构或财政部门或社会资本或项目公司	相关咨询意见或建议书
项目执行	19	项目中期评估	实施机构或财政部门或项目公司	中期评估报告
项目执行	20	项目调价过程中的咨询	实施机构或财政部门或项目公司	相关咨询报告
项目移交	21	项目移交阶段的资产清查	实施机构或项目公司	资产清查报告
项目移交	22	项目移交方案的编制	实施机构或项目公司	项目移交方案
项目移交	23	项目绩效评价	财政部门或实施机构	绩效评价报告

三、人员要求

（一）职业道德要求

咨询服务人员开展PPP项目咨询业务，应当遵守如下职业道德要求：
① 应当诚实守信、勤勉尽责。
② 应当注重职业修养，自觉维护行业声誉。
③ 应当恪守独立、客观、公正的原则。
④ 应当保持应有的职业谨慎，保持和提高专业胜任能力。
⑤ 应当保守在服务过程中知悉的国家秘密、商业秘密，除法律法规和行业规范另有规定外，未经委托方许可，不得对外提供业务资料。

（二）专业能力要求

PPP项目投资额少则数千万元、数亿元，多则几十亿、数百亿元，可谓金额特别大。项目合作期限一般都要十几二十几年，对项目未来收益、成本的预测，对政策走向的判断难度非常之大。因此，PPP咨询项目除需要政策法规、财务测算、税务、工程管理及工程经济、招标等程序专业知识技能外，还需要对金融市场、政府机构运行、工程建设程序等实务有一定的认知和经验。所以PPP咨询需要的是综合性人才和专业化人员。综合性人才有全面的经验和能力，可以胜任总监或项目经理。专业化人员适合负责某一专项事务，如财务测算、采购代理、合同起草等，可以胜任咨询师。

因此，咨询服务人员需要具备的条件包括以下几个方面：
① 具有金融、法律、财税、工程技术、招标采购等专业学历之一。
② 熟悉PPP政策，有一定的PPP项目理论知识功底。
③ 综合能力较强，善于沟通协调。

四、主要政策法规

从事PPP咨询，需要熟知以下政策法规：

（一）推广类政策

① 国务院关于加强地方政府性债务管理的意见（国发〔2014〕43号）。

② 国务院关于创新重点领域投融资机制鼓励社会投资的指导意见（国发〔2014〕60号）。

③ 国务院办公厅转发财政部、发改委、中国人民银行关于在公共服务领域推广政府和社会资本合作模式指导意见的通知（国办发〔2015〕42号）。

④ 财政部关于推广运用政府和社会资本合作模式有关问题的通知（财金〔2014〕76号）。

⑤ 国家发改委关于开展政府和社会资本合作的指导意见（发改投资〔2014〕2724号）。

⑥ 国家发改委关于切实做好《基础设施和公用事业特许经营管理办法》贯彻实施工作的通知（发改法规〔2015〕1508号）。

⑦ 财政部关于实施政府和社会资本合作项目以奖代补政策的通知（财金〔2015〕158号）。

⑧ 财政部、发改委关于进一步共同做好政府和社会资本合作（PPP）有关工作的通知（财金〔2016〕32号）。

⑨ 财政部、教育部、科技部、工业和信息化部、民政部、人力资源社会保障部、国土资源部、环境保护部、交通运输部、水利部、农业部、商务部、文化部、卫生计生委、国家体育总局、国家林业局、国家旅游局、国家能源局、国家铁路局、中国民用航空局关于联合公布第三批政府和社会资本合作示范项目加快推动示范项目建设的通知（财金〔2016〕91号）。

⑩ 财政部关于在公共服务领域深入推进政府和社会资本合作工作的通知（财金〔2016〕90号）。

⑪ 国家发改委关于切实做好传统基础设施领域政府和社会资本合作有关工作的通知（发改投资〔2016〕1744号）。

⑫ 国家发改委关于加快运用PPP模式盘活基础设施存量资产有关工作的通知（发改投资〔2017〕1266号）。

⑬ 国家发改委印发《关于鼓励民间资本参与政府和社会资本合作（PPP）项目的指导意见》（发改投资〔2017〕2059号）。

（二）程序、指引及管理类政策

① 财政部关于印发政府和社会资本合作模式操作指南（试行）的通知（财金〔2014〕113号）。

② 财政部关于规范政府和社会资本合作合同管理工作的通知（财金〔2014〕156号）。

③ 财政部关于印发《政府和社会资本合作项目财政承受能力论证指引》的通知（财金〔2015〕21号）。

④ 财政部关于规范政府和社会资本合作（PPP）综合信息平台运行的通知（财金〔2015〕166号）。

⑤ 财政部关于印发《PPP物有所值评价指引（试行）》的通知（财金〔2015〕167号）。

⑥ 财政部关于印发《政府和社会资本合作项目财政管理暂行办法》的通知（财金〔2016〕92号）。

⑦ 财政部关于印发《财政部政府和社会资本合作（PPP）专家库管理办法》的通知（财金〔2016〕144号）。

⑧ 财政部关于印发《政府和社会资本合作（PPP）综合信息平台信息公开管理暂行办法》的通知（财金〔2017〕1号）。

⑨ 财政部关于印发《政府和社会资本合作（PPP）咨询机构库管理暂行办法》的通知（财金〔2017〕8号）。

⑩ 国家发改委关于印发《传统基础设施领域实施政府和社会资本合作项目工作导则》的通知（发改投资〔2016〕2231号）。

⑪ 财政部关于印发《关于规范政府和社会资本合作（PPP）综合信息平台项目库管理》的通知（财办金〔2017〕92号）。

⑫ 国务院国有资产监督管理委员会印发《关于加强中央企业PPP业务风险管控》的通知（国资发财管〔2017〕192号）。

（三）招标采购类政策

① 政府采购货物和服务招标投标管理办法（财政部令第87号）。

② 政府采购非招标采购方式管理办法（财政部令第74号）。

③ 财政部关于印发《政府采购竞争性磋商采购方式管理暂行办法》的通知（财库〔2014〕214号）。

④ 财政部关于政府采购竞争性磋商采购方式管理暂行办法有关问题的补充通知（财库〔2015〕124号）。

⑤ 财政部关于印发《政府和社会资本合作项目政府采购管理办法》的通知（财库〔2014〕215号）。

⑥ 财政部关于加强政府采购货物和服务项目价格评审管理的通知（财库〔2007〕2 号）。

⑦ 政府采购质疑和投诉办法（财政部令第 94 号）。

（四）行业类政策

① 财政部、环境保护部关于推进水污染防治领域政府和社会资本合作的实施意见（财建〔2015〕90 号）。

② 国家发改委、国家开发银行关于推进开发性金融支持政府和社会资本合作有关工作的通知（发改投资〔2015〕445 号）。

③ 财政部、交通运输部关于在收费公路领域推广运用政府和社会资本合作模式的实施意见（财建〔2015〕111 号）。

④ 财政部、国土资源部、住房城乡建设部、中国人民银行、国家税务总局、中国银监会关于运用政府和社会资本合作模式推进公共租赁住房投资建设和运营管理的通知（财综〔2015〕15 号）。

⑤ 国土资源部、国家发改委、财政部、住房城乡建设部、农业部、中国人民银行、国家林业局、中国银行业监督管理委员会关于扩大国有土地有偿使用范围的意见（国土资规〔2016〕20 号）。

⑥ 民航局关于鼓励社会资本投资建设运营民用机场的意见（民航发〔2016〕117 号）。

⑦ 国土资源部办公厅关于印发《产业用地政策实施工作指引》的通知（国土资厅发〔2016〕38 号）。

⑧ 国家能源局关于在能源领域积极推广政府和社会资本合作模式的通知（国能法改〔2016〕96 号）。

⑨ 国家发改委、国家林业局关于运用政府和社会资本合作模式推进林业建设的指导意见（发改农经〔2016〕2455 号）。

⑩ 国家发改委、农业部关于推进农业领域政府和社会资本合作的指导意见（发改农经〔2016〕2574 号）。

⑪ 国家发改委办公厅关于国家高速公路网新建政府和社会资本合作项目批复方式的通知（发改办基础〔2016〕1818 号）。

⑫ 国家发改委、住房城乡建设部关于开展重大市政工程领域政府和社会资本合作（PPP）创新工作的通知（发改投资〔2016〕2068 号）。

⑬ 国家发改委、中国证监会关于推进传统基础设施领域政府和社会

资本合作（PPP）项目资产证券化相关工作的通知（发改投资〔2016〕2698号）。

⑭ 国家发改委办公厅、交通运输部办公厅关于进一步做好收费公路政府和社会资本合作项目前期工作的通知（发改办基础〔2016〕2851号）。

⑮ 国家发改委办公厅关于印发《政府和社会资本合作（PPP）项目专项债券发行指引》的通知（发改办财金〔2017〕730号）。

⑯ 中国保监会关于保险资金投资政府和社会资本合作项目有关事项的通知（保监发〔2017〕41号）。

⑰ 财政部、农业部关于深入推进农业领域政府和社会资本合作的实施意见（财金〔2017〕50号）。

⑱ 财政部、中国人民银行、中国证监会关于规范开展政府和社会资本合作项目资产证券化有关事宜的通知（财金〔2017〕55号）。

⑲ 财政部、住房城乡建设部、农业部、环境保护部关于政府参与的污水、垃圾处理项目全面实施PPP模式的通知（财建〔2017〕455号）。

⑳ 财政部、民政部、人力资源社会保障部关于运用政府和社会资本合作模式支持养老服务业发展的实施意见（财金〔2017〕86号）。

㉑ 国家发改委、水利部关于印发《政府和社会资本合作建设重大水利工程操作指南（试行）》的通知（发改农经〔2017〕2119号）。

（五）相关基础法规

① 《中华人民共和国预算法》（2014修正）（主席令第12号）。

② 《中华人民共和国政府采购法》（2014修正）（主席令第14号）。

③ 《中华人民共和国政府采购法实施条例》（国务院令第658号）。

④ 《中华人民共和国招标投标法》（主席令第21号）。

⑤ 《中华人民共和国招标投标法实施条例》（国务院令第613号）。

⑥ 《中华人民共和国合同法》（主席令第15号）。

⑦ 《中华人民共和国公司法》（2013年修正）（主席令第8号）。

⑧ 《中华人民共和国环境影响评价法》（2016修正）（主席令第48号）。

⑨ 《中华人民共和国土地管理法》（2004修正）（主席令第28号）。

⑩ 《中华人民共和国建筑法》（2011修正）（主席令第46号）。

⑪ 《中华人民共和国城乡规划法》（2015修正）（主席令第23号）。

⑫ 《建设工程质量管理条例》（国务院令第279号）。

⑬《中华人民共和国地方各级人民代表大会和地方各级人民政府组织法》（2015修正）（主席令第33号）。

五、基本程序要求

PPP咨询服务是一种专业咨询服务，类似于律师、会计师的咨询服务。因此，执行咨询合同有一定的程序要求。PPP项目本身也是较为严格的程序要求，也是咨询服务需要遵守的规范。为此，本节从这两个方面分别讨论程序。

(一) 业务执行程序

执行PPP咨询业务，应当执行下列程序：

① 接受委托时，应当明确服务任务范围边界，判断承接风险，签订书面咨询服务合同。

② 成立工作组。

③ 制订工作方案。

④ 通过查询、调研、访谈等方法收集服务所需要的基础数据及资料。

⑤ 对数据及资料进行甄别、汇总和分析。

⑥ 形成初步思路，与客户沟通、讨论，向质量负责人汇报，确定思路。

⑦ 根据思路编制相应咨询成果文件，包括方案、报告、合同等，报质量负责人审核。

⑧ 与客户进行充分沟通，并根据客户或专家建议对成果进行完善。

⑨ 成果文件报中心复核并备案。

⑩ 向客户提交成果文件。

⑪ 进行结项总结，归档。归档文件包括：咨询服务合同、客户提供的基础数据和资料、咨询成果文件（如有）、评审会议签字资料（如有）、成果批复文件（如有）、项目入库证明材料、客户评价材料、费用结算及发票等资料、结项总结，以及其他证明项目终结的材料。

注意事项：

① 涉及新建项目工程投资、运营成本、未来产出等基础数据，应当依据有资质的工程咨询单位编制的可行性研究报告，不得随意自行调整或出具相关数据。可研报告确有问题，数据严重失实的，应当提醒客户，要求工程咨询单位调整，或者客户出具书面意见，作为数据来源。除咨询服务合同约定由我单

位提供相关数据外，我们只能力所能及地提供一些参考数据的，并征得客户认可，在方案等成果文件中不得表述为该数据由我单位提供。

② 涉及存量项目的资产价值、成本、未来产出等数据，应当依据有评估资质的单位的评估报告中的数据或者客户书面确认的数据，不得自行确定相关数据。

③ 涉及当地政府财政数据、当地已有PPP项目财政支出数据，应当向当地财政部门查询取得。对于未来年度财政数据预期，应当依据相关指引要求测算，但需要征求当地财政部门的意见。

④ 对于项目财务测算所涉及的税金，应当明确测算时假设的税种、税率，并明确提示税收政策变动的风险。

⑤ 对于项目投资收益率、融资利率、折现率、合作期限、支付条件等PPP咨询需要确定数据和条件，应当根据项目经验、市场情况，向客户提供咨询建议，并提示每个数据与条件变化可能引起的后果，取得客户的认可。

⑥ 为同一项目提供多项咨询服务的，如方案编制、物有所值评价、财政承受能力论证、采购文件和合同编制，每份文件应相对独立，前后顺序和逻辑关系合规。

相对独立是指：每个文件独立成篇，不因其他文件有了某个内容而省略并写参见其他文件，如两评报告应各有测算过程。

顺序和逻辑关系为：先有方案，再对方案进行物有所值评价，再对方案进行财政承受能力论证，采购文件要依据方案编制，合同要依据方案和采购文件编制，保持连贯性和一致性。

（二）PPP项目程序

1. 项目建议

政府发起：行业主管部门提出项目建议。

社会资本发起：社会资本向行业主管部门提交项目建议书。行业主管部门进行审核。

2. 确定实施机构

项目所在地县级以上人民政府同意采用PPP模式实施该项目的，应当出具授权书，明确项目实施机构。如能同时明确政府出资代表的，可以同时作出授权。

一般建议政府授权行业主管部门作为实施机构，也可以授权相关事业单位

（如学校、医院等）作为实施机构。禁止由企业（如政府融资平台）作为实施机构。政府可以授权地方国有企业作为政府出资代表，代政府参股项目公司。

3. 编制项目实施方案

政府发起的项目，实施机构或其委托的咨询机构编制实施方案。

社会资本发起的项目，由社会资本编制实施方案。实施机构审核实施方案。

新建、改扩建项目的项目实施方案应当依据项目建议书、项目可行性研究报告等前期论证文件编制；存量项目实施方案的编制依据还应包括存量公共资产建设、运营维护的历史资料以及第三方出具的资产评估报告等。

注：社会资本编制实施方案的可行性不强，一般不建议采用。原因为：社会资本会站在自身的立场，编制出倾向于自己的方案，可能出现侵害公共利益、限制竞争等情形。所以实施机构必须对实施方案予以审核。既然要审核实施方案，就不如由实施机构主导编制方案更简单高效了。

4. 市场测试

市场测试并不是规定的程序，但是可以有效地保障方案的可行性，是促进项目落地的重要手段。

市场测试的时机建议在实施方案初稿完成后，两评之前，可根据测试结果调整方案。

市场测试的方式：建议将初稿实施方案或精简稿发给潜在社会资本，需要做到方案深度足够，风险分担、运作方式、合作期限、回报机制、预期回报率、合同主要权利义务等实质条件具体清晰。然后约潜在社会资本进行充分、实质沟通，避免泛泛交流。

5. 物有所值评价

实施机构提请同级财政部门进行物有所值评价。

物有所值评价报告的编制单位可以为实施机构或其委托的咨询机构或专家，也可以为财政部门或其委托的咨询机构或专家。从客观公正的角度出发，建议由财政部门委托非方案编制单位的第三方组织评审并编制物有所值评价报告。从效率的角度出发，建议实施机构委托方案编制单位组织评审并编制物有所值评价报告。

财政部门和行业主管部门共同审核物有所值评价报告，并出具审核结论。

6. 财政承受能力论证

实施机构提请同级财政部门进行财政承受能力论证。

财政承受能力论证报告的编制单位可以为实施机构或其委托的咨询机构，

也可以为财政部门或其委托的咨询机构。从客观公正的角度出发，建议由财政部门委托非方案编制单位的第三方编制财政承受能力论证报告。从效率的角度出发，建议实施机构委托方案编制单位编制财政承受能力论证报告。

财政部门审核财政承受能力论证报告，并出具审核结论。

7. 入库

财政部门将经审核通过物有所值评价和财政承受能力论证的项目纳入 PPP 项目开发目录，并录入财政部政府和社会资本合作（PPP）综合信息平台。

8. 方案审批

项目实施机构应根据物有所值评价和财政承受能力论证审核结果，完善项目实施方案，报本级人民政府审核。

9. 资格预审公告

项目实施机构根据实施方案确定的条件或原则，自行或者委托采购代理机构准备资格预审文件，发布资格预审公告。

资格预审公告应当在省级以上人民政府财政部门指定的政府采购信息发布媒体上发布。

资格预审公告应当包括项目授权主体、项目实施机构和项目名称、采购需求、对社会资本的资格要求、是否允许联合体参与采购活动、是否限定参与竞争的合格社会资本的数量及限定的方法和标准，以及社会资本提交资格预审申请文件的时间和地点。提交资格预审申请文件的时间自公告发布之日起不得少于 15 个工作日。

10. 资格预审评审

项目实施机构、采购代理机构应当成立评审小组，负责资格预审的评审工作。评审小组由项目实施机构代表和评审专家共五人以上单数组成，其中评审专家人数不得少于评审小组成员总数的三分之二。评审专家可以由项目实施机构自行选定，但评审专家中至少应当包含 1 名财务专家和 1 名法律专家。项目实施机构代表不得以评审专家身份参加项目的评审。

11. 发出采购文件

项目采购文件应当包括采购邀请，竞争者须知（包括密封、签署、盖章要求等），竞争者应当提供的资格、资信及业绩证明文件，采购方式，政府对项目实施机构的授权，实施方案的批复和项目相关审批文件，采购程序，响应文件编制要求，提交响应文件截止时间、开启时间及地点，保证金交纳数额和形式，评审方法，评审标准，政府采购政策要求，PPP 项目合同草案及其他法律文本，采购结果确认谈判中项目合同可变的细节，以及是否允许未参加资格预审的供应商参与竞争并进行资格后审等内容。项目采购文件中还应当明确项目合同必须报请本级人民政府审核同意，在获得同意前项目合同不得生效。

采用竞争性谈判或者竞争性磋商采购方式的，项目采购文件除上款规定的内容外，还应当明确评审小组根据与社会资本谈判情况可能实质性变动的内容，包括采购需求中的技术、服务要求以及项目合同草案条款。

12. 现场考察或者采购前答疑会

项目实施机构应当组织社会资本进行现场考察或者召开采购前答疑会，但不得单独或者分别组织只有一个社会资本参加的现场考察和答疑会。

13. 采购评审

项目实施机构、采购代理机构应当成立评审小组，负责 PPP 项目采购的评审工作。评审小组由项目实施机构代表和评审专家共五人以上单数组成，其中评审专家人数不得少于评审小组成员总数的三分之二。评审专家可以由项目实施机构自行选定，但评审专家中至少应当包含 1 名财务专家和 1 名法律专家。项目实施机构代表不得以评审专家身份参加项目的评审。

评审小组成员应当在评审报告上签字，对自己的评审意见承担法律责任。

14. 成立采购结果确认谈判工作组

PPP 项目采购评审结束后，项目实施机构应当成立专门的采购结果确认谈判工作组，负责采购结果确认前的谈判和最终的采购结果确认工作。

采购结果确认谈判工作组成员及数量由项目实施机构确定，但应当至少包括财政预算管理部门、行业主管部门代表，以及财务、法律等方面的专家。涉及价格管理、环境保护的 PPP 项目，谈判工作组还应当包括价格管理、环境保护行政执法机关代表。评审小组成员可以作为采购结果确认谈判工作组成员参与采购结果确认谈判。

15. 确认谈判

采购结果确认谈判工作组应当按照评审报告推荐的候选社会资本排名，依次与候选社会资本及与其合作的金融机构就项目合同中可变的细节问题进行项目合同签署前的确认谈判，率先达成一致的候选社会资本即为预中标、成交社会资本。

确认谈判不得涉及项目合同中不可谈判的核心条款，不得与排序在前但已终止谈判的社会资本进行重复谈判。

16. 预中标、成交公示

项目实施机构应当在预中标、成交社会资本确定后 10 个工作日内，与预中标、成交社会资本签署确认谈判备忘录，并将预中标、成交结果和根据采购文件、响应文件及有关补遗文件和确认谈判备忘录拟定的项目合同文本在省级以上人民政府财政部门指定的政府采购信息发布媒体上进行公示，公示期不得少于5个工作日。项目合同文本应当将预中标、成交社会资本响应文件中的重要承诺和技术文件等作为附件。项目合同文本涉及国家秘密、商业秘密的内容可以不公示。

17. 中标、成交结果公告

项目实施机构应当在公示期满无异议后2个工作日内，将中标、成交结果在省级以上人民政府财政部门指定的政府采购信息发布媒体上进行公告，同时发出中标、成交通知书。

中标、成交结果公告内容应当包括：项目实施机构和采购代理机构的名称、地址和联系方式；项目名称和项目编号；中标或者成交社会资本的名称、地址、法人代表；中标或者成交标的名称、主要中标或者成交条件（包括但不限于合作期限、服务要求、项目概算、回报机制）等；评审小组和采购结果确认谈判工作组成员名单。

18. 合同审批

采购结果公示结束后、PPP项目合同正式签订前，项目实施机构应将PPP项目合同提交行业主管部门、财政部门、法制部门等相关职能部门审核后，报同级人民政府批准。

注：在这里，有两点建议，一是合同草案在采购文件发出之前，请业主管部门、财政部门、法制部门单位审核；二是请行业主管部门、财政部门、法制部门等单位的人员参与确认谈判。这样是为了避免合同文本不符合合同审核部门的要求。

19. 签署合同

项目实施机构应当在中标、成交通知书发出后30日内，与中标、成交社会资本签订PPP项目合同。

20. 项目公司继承合同

需要为PPP项目设立专门项目公司的，待项目公司成立后，由项目公司及社会资本与项目实施机构签署关于继承PPP项目合同的补充合同。

注：不得采用重新签署项目合同的方式。重新签署项目合同的内容无法与原项目合同完全保持一致，如注册项目公司条款、股权转让限制条款等；还需要说明原项目合同是继续有效、项目公司和社会资本分别承担的责任，而这些内容在项目公司与实施机构两方之间的项目合同中约定对社会资本没有约束力。因此，这种方式有法律上的瑕疵。

21. 项目执行

项目公司及社会资本按项目合同约定执行项目。项目实施机构、政府出资代表、财政部门等依据项目合同予以配合、监管、绩效评价、付费、中期评估等。

22. 项目移交

项目实施机构或政府指定的其他机构应组建项目移交工作组，根据项目合同约定与社会资本或项目公司确认移交情形和补偿方式，制订资产评估和性能测试方案。

项目移交工作组应委托具有相关资质的资产评估机构，按照项目合同约定的评估方式，对移交资产进行资产评估，作为确定补偿金额的依据（提前移交或者有偿移交需要评估的项目适用）。

项目移交工作组应严格按照性能测试方案和移交标准对移交资产进行性能测试。性能测试结果不达标的，移交工作组应要求社会资本或项目公司进行恢复性修理、更新重置或提取移交维修保函。

23. 项目移交后评价

项目移交完成后，财政部门（政府和社会资本合作中心）应组织有关部门对项目产出、成本效益、监管成效、可持续性、政府和社会资本合作模式应用等进行绩效评价，并按相关规定公开评价结果。

注：以上步骤为财政部门主管的PPP项目流程。发改部门主管的PPP项目程序与此基本一致，可以按照上述程序执行。但发改主管的PPP项目需要先录入在投资项目在线审批监管平台（重大建设项目库）。

另外，鉴于财政和发改主管的PPP项目领域存在模糊地带，部分项目既属于传统基础设施领域（发改主管），又可以理解为公共服务领域（财政主管）。这样的项目可以两库都录入。

第二章　项目（初步）实施方案

关于项目（初步）实施方案，有几点需要说明。

一是初步实施方案是否需要编制。根据财金〔2014〕113号文，每个PPP项目应当在识别阶段先编制初步实施方案；经物有所值评价和财政承受能力论证后，进入准备阶段再编制实施方案；实施方案经物有所值和财政承受能力验证后，再报政府审批。但财金〔2016〕92号文不再提初步实施方案，也不再要求进行两次物有所值和财承。因此，我们认为：虽然113号文还有效，但已经没有必要再执行识别程序中的初步实施方案和两评。

二是方案的重要性。项目实施方案是整体项目策划的核心文件。首先，方案需要对项目全生命周期运作提出思路，并对各方面主要问题提供解决方案。例如，方案要对项目风险进行分析并分配，设计项目交易结构、合同体系，策划项目保障机制和采购方案。其次，方案经政府批准后，要指导项目采购和合同签署。换句话说，项目采购文件和合同要以实施方案为依据，不得违背方案内容。

三是方案的深度要求。如上文所述，项目实施方案特别重要。因此，我们对方案提出深度要求（而非字数或页数要求）。项目实施方案无论内容多少，需要解决问题，满足项目实施需求。项目实施方案是用来指导项目实施机构具体操作人员如何采购社会资本，并与社会资本签署项目合同的。项目采购中最重要的是如何设定评审指标，而评审指标中核心是报价。所以，实施方案中至少要设定项目采购的报价指标。站在社会资本投标（响应）的角度，编制标书并进行报价，必须了解项目边界以及回报机制，并进行测算。因此，实施方案有必要达到让社会资本能够据以进行财务测算的深度。

一、信息收集与整理

实施方案编制前需要收集项目的相关信息与资料，并进行分析、判断，以形成思路。

(一) 项目信息

(1) 新建项目

① 最重要的文件是项目可行性研究报告（简称"可研"）。有的地方政府会通过其融资平台或国有企业办理项目立项，所以有可能会采用核准制立项，这样就没有可研，但也会有项目申请报告之类的文件，与可研类似。对于这样的项目，我们应当建议地方政府编制可研。避免核准制立项项目为政府投资项目，有超出PPP适用范围的嫌疑。如果客户执意不改立项方式，我们才可接受项目申请报告代替可研。

② 除了可研，我们还应当收集其他项目前期工作文件（如有），包括项目建议书及其批复、可研批复、环境影响评价报告书（或报告表）及其批复、规划选址意见书、用地预审批复、初步设计批复等。

(2) 存量项目

① 最重要的文件是资产评估报告，如果没有，应当建议客户补充。

② 除了资产评估报告，我们还应当收集其他项目资料。如项目资产清单、产权证明、历史运营数据、拟一并解决的人员情况、产权单位或运营单位的章程等。

(3) 财政数据

编制实施方案前需要了解当地政府财力，以免给出不能通过财政承受能力论证的方案。科学判断政府财力的方式为查看最新批复的或全部财政承受能力论证报告。如本项目为当地第一个项目，应当查看本级财政近5年财政支出决算数据

(4) 客户诉求

客户诉求包括财政支付意愿、合作期限预期、回报率预期、政府股权出资比例等。

(5) 收集方式

建议以电子邮件方式向客户收集信息和资料，这样可以永久留痕。建议当面或电话向客户解释清楚具体要求，并以表格或清单方式列明所需材料明细。PPP项目咨询服务沟通函示例如图2-1所示。

_____ PPP 项目咨询服务沟通函

_____（委托人）：

为促进本项目咨询服务工作的顺利开展，请贵单位配合以下事项：

一、提供项目基础资料

序号	资料名称
1	项目建议书、可研报告（存量项目提供历史资料）
2	立项、环评、用地等项目前期申请和批复文件
3	最新批复的财政承受能力论证报告，如无，请提供本级财政近5年财政支出决算数据
4	委托人认为必要的其他文件

二、确认或说明项目情况

序号	事项
1	项目的背景简介
2	项目产出说明
3	政府方的初步思路或想法，包括合作方式、年限、投资收益率、政府方股权比例等
4	有意向的社会资本的初步投资意向
5	拟定实施机构简介
6	委托人认为必要的其他情况

非常感谢贵单位对我方工作的大力支持！

联系人：　　　　　　　　　　　　　　　　北京中建政研信息咨询中心

联系电话：　　　　　　　　　　　　　　　　　201　年　月　日

图 2-1　PPP 项目咨询服务沟通函

(二）行业信息

（1）法律法规

收集项目所属行业的法律法规。如公路项目应当收集《公路法》；污水项目应当收集《城镇排水与污水处理条例》。推荐大家使用一个免费的法规检索网站（法律图书馆）：http://www.law-lib.com/。

（2）行业规范

可通过项目行业主管部委官网收集行业技术规范、管理规范等文件。如水利项目可通过水利部官网收集到《水利工程建设程序管理暂行规定》

（3）商业惯例

向客户、行业专家、潜在社会资本等了解项目所属行业特定的商业习惯及特点等信息。

（三）信息整理

① 需要通读项目资料，对项目基本情况做全面了解，如项目总投资、建设内容、占地面积及土地供应方式、建设期限、项目产出、有无收费及收费价格、运营成本等。

② 要学习行业信息资料，了解行业特点。

③ 必要时将上述材料要点整理成文档。

二、思路论证

实施方案一般几十页至上百页，内容较为庞杂。有必要在编制细节内容之前明确一个框架思路，确定项目核心边界条件、回报机制，并进行初步测算，形成一个三五页的简单文件。这样做两点好处：一是项目团队内部可以基于思路进行讨论，在方案编制方向上达成共识，下一步可以分工编制方案；二是可以将思路与客户沟通，客户认同后再编制方案。这样方案一次性获得客户认可的可能性增加，后续修改的次数和篇幅减少。

（一）思路的内容

（1）项目基本情况简介

项目基本情况包括项目名称、项目类型（新建/改扩建/存量）、所在地、所属行业、公共产品或公共服务内容、总投资、项目当前进展情况、实施机构等。

(2) 经济技术指标简介

经济技术指标包括项目区位、占地面积、建设运营内容（存量项目应描述资产范围和运营内容）、主要产出说明及公共产品或服务标准、投资构成（存量项目描述资产构成）。

(3) 风险分配

在风险分配时，需列明分配结果。

(4) 项目运作安排

项目运作安排包括合作期限、项目前期工作分工与衔接（主要明确工程设计负责方）、项目用地（如涉及）供应方式、项目资产权属安排、项目融资（如涉及）责任、项目建设（存量项目应描述第一次转让）安排（主要明确施工招标是否省略、施工招标的组织方、监理单位的选择方、工程质量进度成本安全监督方式等）、项目运营维护安排（界定运维内容、范围、标准）、绩效考核方法、期限届满后资产处置方式等。

(5) 交易结构

交易结构包括项目总投资、项目资本金金额及比例、融资金额及比例、项目公司股权结构、合作期满项目公司的处置等。

(6) 回报机制

回报机制包括项目公司收入来源、调价机制、价格与产出的关联、价格与最低需求的关联、价格与成本的关联等。

(7) 财务测算

财务测算包括成本与收入测算、回报率、税务处理机制等条件，以及初步测算结果数据。

（二）思路的论证

(1) 项目团队内部讨论

思路形成后应当先与项目团队成员进行内部讨论，论证其科学性、可行性、合理性，以及是否满足客户诉求，有无缺项漏项，是否符合编制实施方案的基本要素。

(2) 征求技术部门或专家意见

项目团队经讨论认为存在技术疑问的，可以向咨询中心技术质量部门寻求技术支持，解决技术问题。必要时，还可聘请专家予以专业技术支持。

(3) 征求客户意见

尽量当面与客户讨论思路，并详细解释思路形成的过程和依据。对于思路中的核心边界条件，如项目投资收益率、融资利率、折现率、合作期限、支付条件等核心数据和条件，应当提示每个数据与条件变化可能引起的后果，征求客户的意见。

(4) 请示或测试

如果政府客户对于思路能否得到相关领导或市场认同，可以建议其向上级请示，或者进行市场测试。

三、扉页和前言

（一）扉页

扉页需要列明编制人员姓名和职务，并加盖咨询中心技术质量专用印章。扉页还可以附咨询中心执照复印件。扉页设计如图 2-2 所示。

_____主要编制人员

审　　核	＊＊＊＊	项目总监
项目经理	＊＊＊＊	副主任咨询师
编写人员	＊＊＊＊＊	工程师
	＊＊＊＊＊	律　　师
	＊＊＊＊＊	会计师
	＊＊＊＊＊	助理工程师
校对人员	＊＊＊＊＊	咨询工程师
印制人员	＊＊＊＊＊	助理咨询师

北京中建政研信息咨询中心质量专用章（盖章）

图 2-2 扉页设计例

（二）前言

前言部分也可以使用其他恰当的标题，如"说明"。其主要目的是介绍咨询工作开展情况以及项目背景情况等。

（1）工作情况

工作情况可以介绍我们接受委托编制方案后委派的专业人员情况，开展的准备工作，依据的政策法规。另外，还可以简要说明文件的使用范围、使用方法以及我们免责的事项。

（2）项目背景

项目背景可以根据客户提供的项目信息，介绍项目背景，以及项目建设的必要性。例如，当地经济社会发展状况对于本项目公共产品或服务的迫切需求等。

四、项目概况

本节内容应当简明地向方案阅读者介绍项目基本情况。主要数据应当来源于可行性研究报告或资产评估报告。

（一）项目基本信息

本部分内容是为了让读者对项目主要属性有个大概了解。因此，建议简明准确，不作过多论证和阐述。

① 项目名称：建议与可研批复名称保持基本一致，包含多个子项目、存在多个可研批复的情况除外。名称中尽量体现"PPP"或"政府和社会资本"字样。

② 项目类型：以新建、改扩建、存量作为分类类型。如果包含多个不同类型的子项目，项目类型可以为两种以上。

③ 所在地：明确项目所在行政区划。

④ 所属行业：按财政部PPP综合信息平台项目行业分类方法，使用标准的行业分类名称。

⑤ 公共产品或公共服务内容：简要描述，例如污水项目可以为"城镇生活污水处理"。

⑥ 总投资：以可研批复的总投资为准。

⑦ 项目当前进展：可简要介绍前期工作进度，如"立项、环评、用地预审已完成，正在设计单位招标"。

⑧ 实施机构：写明实施机构名称即可。

⑨ 政府出资代表：如果已经确定，可以列明，如尚未确定，则此项可省略。

（二）项目经济技术指标

建议明确数据来源，根据经批复的可行性研究报告，本项目经济技术指标如下：

（1）项目区位

如果项目已经选址，则应当准确描述项目位置。

（2）占地面积

给出占地面积准确数据，还可以对土地现状进行介绍。

（3）建设运营内容

应当将建设内容及其规模列明，如高速公路项目中应当明确建设长度，以及路面、桥梁、隧道、立交、服务区、收费站等各项内容的具体数量和规模。如果是存量项目，则需要列明主要资产内容及其规模。

运营内容和范围也需要明确。许多项目的运营内容与建设内容并不一致。如医院项目中，有的建设内容包含医疗设备购置，但项目公司并不运营医疗设备。

（4）投资构成

至少要明确项目总投资的基本构成，如建安工程费、设备及工器具购置费、工程建设其他费用、预备费、建设期利息、流动资金等。

如果为存量项目，则应明确存量资产各组成部分的资产价值。

（5）主要产出说明

① 项目产出是实施方案必备内容，但也是比较难的一部分。根据PPP的激励原理，项目公司获得收入（无论政府付费还是使用者付费）的依据应当是提供了合格的公共产品或公共服务，而不是依据其投入了多少成本。所以，项目产出是衡量应否向项目公司支付费用的尺度，产出的数量、质量要求也就特别重要。

② 项目产出不同于项目建设内容。建设内容是实现产出的手段和载体，产出则是通过建设运营项目资产所提供的公共产品（如供水项目生产的自来

水）或公共服务（如公路项目提供的通行服务）。

③ 有的项目产出容易量化，质量要求也明确。如供热项目可以按供热面积或者所产生的热能作为产出数量标准，按能否使用户室内达到18℃作为质量标准。而有的项目产出则难以量化，如绿化项目的产出是美化市容、净化空气，数量和质量都很难界定。对于这样难以界定产出数量和质量的项目，如果借助外部专家或其他专业力量还不能实现，则可以采取下策，即以概括的建设内容作为项目产出说明。

（三）采用 PPP 模式的必要性和可行性，以及项目运作的目标和意义

可以从国家宏观经济形势、市场成熟度等方面分析采用 PPP 模式的必要性和可行性。可以从提质增效、转换政府职能、降低项目全生命周期成本等方面描述项目运作的目标和意义。

五、风险分配

有了项目概况的数据，首先需要做的就是分析项目风险，并予以合理分配。风险分析和分配为运作方式和交易结构设计提供有力的依据和支撑。切忌风险分配内容流于形式，没有逻辑，甚至与运作方式、交易结构内容相互矛盾。

（一）风险识别与分配

风险识别是一个分析过程，应当根据项目特点对项目风险进行逐一分析。项目普遍风险包括财金〔2014〕113号文提及的风险。风险分配应当根据风险分析情况，充分考虑风险分配优化、风险收益对等和风险可控等原则，综合考虑政府风险管理能力、项目回报机制和市场风险管理能力等要素。分配结果不仅是哪一项风险由谁承担，还应当尽量明确承担的方式以及出现该风险的后果。例如，不可抗力风险由双方共担，那么还应尽量明确出现不可抗力时的损失如何共担。

（1）设计风险

① 广义的"设计"包括方案设计（可研阶段）、初步设计（概算阶段）、施工图设计（预算阶段）等内容。因此，设计风险应当包括"项目规模过大导致投资浪费""项目规模过小导致不能满足市场需求""工艺技术路线选择不当

导致运营维护成本高""工艺技术路线选择不当导致运营不达标""设计缺陷导致项目失败""设计缺陷导致工程变更、进度延期、施工浪费"等情况。

② 设计风险的分配较为复杂。一般可研阶段的设计工作政府方已经完成，且项目规模也一般由政府方确定，因此，可研阶段的设计风险应当由政府方承担。

③ 初步设计和施工图设计阶段的设计风险要根据具体情况分析。如按使用量付费和使用者付费项目——污水处理项目，社会资本往往更有技术优势，且此类项目的回报机制一般是根据公共产品或服务的数量确定项目公司收入。因此，此类项目应当由社会资本承担设计风险并主导工程设计更合理。

④ 采用可用性付费的项目多数以项目投资成本确定项目公司收入，虽然社会资本也有技术优势，但如果由其承担设计风险并主导工程设计，则不利于控制工程成本，政府方有必要较多涉入甚至主导工程设计工作，并承担对应的风险。

(2) 建造风险

① 建造风险一般包括用地（项目用地和施工临时用地）取得风险、施工质量风险、施工成本风险、施工进度风险等。用地取得风险应当根据项目特点确定承担方，如果为政府划拨方式，则政府方对此风险的控制能力更强，可以由政府方承担。

② 其他建造风险多数适宜由社会资本承担，一是因为社会资本具有技术和管理优势，二是因为工程质量关系着项目运营成本和质量，进而影响项目公司能否通过正常运营维护收回投资。

③ 社会资本承担建造风险但有部分内容可以例外。例如，可用性付费项目中，施工成本风险中的建材价格风险，既可以完全由社会资本承担，也可以由社会资本在一定风险范围内承担，超出一定范围的由政府方承担。这样虽然在看似政府方多承担了一些风险，但社会资本风险减少，在竞价时也会降低报价。

(3) 财务风险

① 财务风险主要包括融资风险和用户支付风险，其中融资风险包括融资失败风险和利率风险。财务风险也是一种商业风险，由社会资本承担更为合理。

② 社会资本承担融资风险意味着项目公司不因融资成本高而增加项目收入，也不因融资成本低而减少收入。有的项目将融资成本与基准利率变动挂钩，这实际上是政府方承担了部分利率风险，目的是降低社会资本风险从而降

低项目报价。

③ 用户支付风险由社会资本承担，在使用者付费项目中此方式容易被接受。而政府付费项目中政府方是付费主体，如果政府无力支付或延期支付，这个风险实际上也是社会资本承担的。因为，如果把这个风险分配给政府，政府承担风险的方式还是支付费用。

(4) 运营维护风险

① 运营维护风险主要包括成本风险、技术风险、质量风险、安全风险等。由于 PPP 的核心机制是通过长期运营以实现降低项目全生命周期成本，社会资本必然要承担运营维护内容，当然也应当承担相应运营维护风险。但风险分配理由显然不能因果倒置，一般我们从社会资本更具管理经验和技术优势、对运营维护风险的控制能力更强的角度分析，认为社会资本适合承担运维风险。

② 社会资本承担运营维护风险也不是绝对的。例如，有的项目政府方主导了工程设计，因设计缺陷导致的运营维护质量风险就不应当由社会资本承担。再如，运营期内国家或地方强制性技术标准有可能发生提高，这往往需要增加投资或增加运营维护成本，这种非社会资本原因可控的风险也不应当由社会资本承担。

(5) 法律、政策风险

法律、政策风险指法律、政策变化对项目造成影响的风险。我们认为不宜按照财金〔2014〕113 号文，将法律、政策风险全部分配给政府方。因为，本级政府不可控的法律、政策风险更接近于不可抗力，由双方合理共担较为合适。

(6) 最低需求风险

① 一般使用者付费项目或者按使用量付费项目存在最低需求风险。例如，污水处理项目的工程规模是政府方根据当地社会经济发展情况预测的需求量设计的，政府方对今后的污水产生量预测应当承担一定风险。

② 并非所有项目都存在最低需求风险。例如，采用可用性付费的项目需求风险一般都是政府方承担，因此，不存在最低需求风险。

③ 不是所有项目的最低需求风险都由政府方承担。例如，采用 BOO 运作方式的社会资本应当承担全部市场风险的项目，最低需求风险也应当由社会资本承担。

(7) 不可抗力风险

不可抗力风险的特点是超出了当事人两方的控制范围，当事人双方也都无主观过错。因此，不可抗力风险一般是由政府方和社会资本合理共担。

（8）其他风险

除了政策文件中提及的项目主要风险之外，我们还应结合项目情况具体分析项目特有风险。例如，拆迁风险；地下文物风险；公路项目中超载车辆对路产的侵权风险；污水处理项目中进水水量不足、水质超标风险；存量项目中现有管理单位人员安置风险；地下综合管廊项目的管线入廊风险；供水项目的水源污染风险；等等。

（二）风险分配表

风险分析并做出分配后，可以以列表方式呈现。这样可以给阅读者简明清晰地展示风险分配结果。列表内容需要与前段的文字表述内容保持一致。

（三）风险防范措施

风险防范措施不是方案必备内容，但如果客户有需求，可以结合我们的项目经验予以描述。

六、运作方式

项目的运作方式不只是论证选择哪一种运作方式，还应当对项目运作过程及关键事项作出安排。

（一）运作方式的选择

（1）可选项

PPP项目运作方式包括委托运营（Operations & Maintenance，O&M）、管理合同（Management Contract，MC）、建设-运营-移交（Build-Operate-Transfer，BOT）、建设-拥有-运营（Build-Own-Operate，BOO）、转让-运营-移交（Transfer-Operate-Transfer，TOT）和改建-运营-移交（Rehabilitate-Operate-Transfer，ROT）等。各种运作方式的定义详见财金〔2014〕113号文附2。此外，还有建设-拥有-运营-移交（BOOT）、设计-建设-融资-运营（DBFO）、建设-移交-运营（BTO）等运作方式。建议优先选择113号文有明确定义的运作方式。

（2）项目类型分析

新建项目有建设投资需求，可以考虑BOT、BOO等方式。存量项目中没有改扩建需求的项目，可以考虑 O&M、MC、TOT 等方式；存量项目中有改扩建需求的项目，可以考虑 ROT 方式。

（3）期满处置分析

如果项目为必须在期满由政府方收回的项目，如城市道路，则不能选择 BOO 方式。如果项目为市场化程度较高、有可替代公共产品的项目，如停车场项目，则可以考虑 BOO 方式，即合作期满项目资产归社会资本，不移交给政府方。

（4）风险分配分析

各种运作方式对于政府转移给社会资本的项目风险是有区别的，如 O&M 仅仅转移了运营风险。因此，运作方式的选择应当与风险分配思路保持一致。

（5）其他分析

运作方式的选择还应考虑项目收费定价机制、投资收益水平、融资需求等因素。

（6）结论

经过对项目情况的分析，以及各种运作方式的比较，我们应当得出本项目适用的运作方式。

（二）项目运作安排

明确了项目运作方式后，还应当进一步将项目运作过程中关键事项的具体安排予以表述。其主要目的是明确项目核心边界条件，使各方清晰各自风险边界和权利义务。这是方案深度体现的核心内容之一。

（1）合作期限

合作期限关系着社会资本的资金回收期、项目收益水平。

① 有的项目是政府方直接确定合作期限，或者经过市场测试征求潜在社会资本意见后确定合作期限，并以其作为项目财务测算的条件，如市政道路项目。

② 有的项目是根据项目成本和收费水平，经过财务测算评估出投资回收期，再结合合理利润率计算出合作期限，如收费公路项目。

③ 还有的项目拟将合作期限作为采购社会资本时的报价指标，方案中只给出下限或区间。因此，方案中应明确合作期限，并尽量明确依据或理由。

④ 如果项目涉及工程建设，还将合作期限拆分为建设期和运营期。

(2) 前期工作

① 有工程建设内容的项目会涉及前期工作。前期工作手续一般包括立项、用地、环评、规划许可、施工许可或备案手续等。其主要工作内容有可行性研究报告编制、建设项目环境影响评价报告书（表）编制、工程勘察设计、工程造价（工程量清单）编制和评审、勘察设施及监理和施工单位招标等。

② 前期工作要在政府方和社会资本之间进行分工。前期工作中设计单位选择权、监理单位选择权、工程造价等较为重要，应当根据风险分配情况予以分工。比如采用可用性付费且以项目实际成本为付费计算基数的项目，一般政府方要对工程设计、工程造价、监理等进行更多介入，可以由政府方负责与此相关的前期工作。

(3) 土地取得方式

① PPP 项目多为政府负有提供责任的公益性项目，因此，划拨方式取得项目用地是主流。我们应当在方案中明确土地划拨的主体。建议采用划拨给实施机构或者项目公司的方式。如果土地划拨给实施机构，土地使用权证则办理在实施机构名下，与土地不能分离的地上或地下建筑物、构筑物所有权也归属于实施机构。如果土地划拨给项目公司（法律并不禁止土地划拨给民营或外资企业），则土地使用权及项目资产所有权归属于项目公司。不建议将土地划拨给政府融资平台或国企出资代表，因为，融资平台与政府分离是趋势。

② 根据国土部政策，划拨用地目录有缩小的趋势。凡是不符合划拨用地目录的项目，都应当通过有偿方式取得。有偿方式取得方式包括租赁、作价出资入股、通过公开竞争（招拍挂）取得等方式。我们应当充分与地方国土部门沟通，确认操作可行性后，再在方案中明确用地取得方式。如当地有无租赁操作经验，作价出资入股是否会使政府占股超过 50%，竞争取得用地地块是否是唯一的（如果项目用地是唯一的，则必须对土地竞价与采购社会资本竞价两个程序的协调作出安排）。

(4) 资产权属安排

项目资产权属归属与土地使用权取得主体一般应当保持一致。其常见安排有两种：一是土地使用权与资产均登记在实施机构名下，归实施机构所有，项目公司在合作期内能够占有、使用项目资产，以实现其建设、运营权；二是土地使用权与资产均登记在项目公司名下，在合作期内归项目公司所有，但项目公司对资产的处置（如转让或抵押）根据项目合同规定受到一定限制。

(5) 项目融资

项目融资一般由项目公司负责，但由于项目公司是新成立，资信状况不佳，所以社会资本要协助项目公司融资，并承担补充责任或连带责任。

(6) 项目建设（转让）

① 新建项目或改扩建项目要对项目建设做出安排。主要明确施工招标是否省略、施工招标的组织方、工程质量进度成本和安全监督方式等内容。施工招标程序是否省略为多数工程类社会资本所关注，在方案中应当慎重表述，以免误导客户。

② TOT方式的项目涉及政府方向项目公司转让的过程，需要明确转让标的是资产所有权还是经营权、转让款支付安排、移交程序等内容。

(7) 运营安排

应当明确运营维护范围、内容、标准等，并准确界定项目运营开始时点。

(8) 期满处置

需要明确合作期满后资产是否移交给政府，有偿移交还是无偿移交，如为有偿移交则需要明确移交价格。如果政府有出资，有必要明确合作期满后项目公司股权的处置方案，一般建议清算注销，以使社会资本和政府出资代表收回投资本金；如果客户希望项目公司可以长期存续以持续经营项目资产，则应当明确社会资本股权通过减资或股权平价转让方式实现社会资本退出。

七、交易结构

如果说运作方式交代清楚了项目核心边界条件，清晰了各方风险边界和权利义务，本节就需要落实到具体财务数据，让各方清楚各自需要投入资金、获得回报的金额、比例。所以本章节是体现方案深度的又一核心内容。

（一）交易结构

(1) 投融资结构

需要明确项目总投资（如果依据可研批复，则为估算总投资；如果依据概算批复，则为概算总投资）金额、项目资本金设定比例及金额、融资比例及金额。还可以描述各部分资金的来源。

(2) 项目公司股权结构

需要明确政府出资代表出资金额和所占股权比例。很多社会资本希望降低项目公司注册资本要求，小于项目资本金。我们建议注册资本尽量与项目资本金基本保持一致，因为项目资本金应当是项目公司自有资金，而项目公司自有资金应当来源于股东投入的注册资本。另外，建议各方出资比例、金额以项目资本金为计算基准。

(3) 展现方式

建议以文字并附以图表的方式展示投融资结构、股权结构以及交易架构。

（二）回报机制

这部分是核心内容，需要清晰地表述项目公司收入构成、付费主体、价格形成和调整机制、绩效评价机制，并根据现有数据及拟定条件对项目公司财务情况进行测算。

(1) 收入构成

① 要分析项目为付费类型。项目收入中如无使用者付费，则为政府付费项目。如有使用者付费，则应根据测算判断使用者付费能否覆盖投资及合理回报。可以完全覆盖的，则为使用者付费项目。如使用者付费不能覆盖投资及合理回报，需要政府给予财政补助，则为可行性缺口补助项目。

② 要分析项目收入具体构成。例如，使用者付费项目，供水项目一般只有水费收入一项；高速公路项目有车辆通行费收入、广告经营收入、服务区经营收入等；旅游项目可能有门票收入、餐饮、住宿、停车等服务收入。再如政府付费项目，许多拆分成可用性付费和运营维护费。

(2) 付费主体

① 政府付费最为简单，付费主体为实施机构，并不因为财务部门管理国库并集中收付资金而将财政部门当作付费主体。

② 使用者付费复杂一些。有的项目由最终消费者直接付费，如供气项目。有的项目不由最终消费者付费，而是直接使用者付费，如地下综合管廊项目由管线单位付费。有的项目是趸售方式，如有的供水项目是将水销售给供水公司，付费主体则为供水公司。有的是政府或其委托的单位负责收费，再通过财政支付给项目公司，如市政污水处理费，一般由供水单位代收，集中至财政，再由财政拨付至污水处理企业。这样的付费属于政府付费还是使用者付费本身也是有争议的。

(3) 价格形成机制

每一项收入都有其价格形成机制，即定价机制。既然是机制，就需要解释清楚各构成要素（工程成本、融资成本、维护成本、合理回报、价格、产出数量）之间相互联系和作用的关系及其原理。定价机制应当落实风险分配方案，充分考虑合作期内可能出现的各种情况，并对招采社会资本时的报价指标设定做好准备。切忌方案内容空洞、原则化，如仅简单引用财金〔2015〕21号文公式，不做深入解释说明。

① 使用者付费项目多是项目产出可以计量数量的，如供水、供热、供气、过路过桥费、门票等，其定价一般指收费单价。主要有三种定价机制：一是政府定价（有关部门根据《价格法》等相关法律法规及政策规定确定收费价格），二是市场价（由项目公司根据项目实施时的市场价格定价），三是协议价（在PPP项目合同中约定收费价格）。政府定价和市场价项目通常不需要通过测算得出，而是通过查询相关价格文件或调查市场行情取得，也不能作为采购社会资本时的竞争指标。协议价项目一般根据项目成本和预计投资回报计算出政府方预计价格，多数项目将预计价格作为采购社会资本时上限，并通过竞价确定协议价。

② 政府付费项目分两种情况：一是项目产出可以计量数量的，建议参照使用者付费项目中协议价定价机制确定单价。二是项目产出难以计量数量的，一般采用可用性付费方式。可用性付费定价的理想方式，在方案阶段根据预计项目建设、维护成本以及合理回报，测算出价格上限，招采社会资本时竞价确定固定价。

③ 由于工程建设成本（如可研阶段估算数不准、工程变更等）、项目负荷（如市政道路车辆超载）、维护成本（与工程设计水平、建造质量、负荷均相关）等不确定性因素较多，理想方式测算依据不充分，鲜有被采用的。多数项目把建设成本和维护成本进行拆分处理，对应建设成本部分的付费称之为可用性付费，对应维护成本部分的付费称之为运营绩效付费。

④ 对于拆分处理的可用性付费项目，需要对可用性付费和运营绩效付费的定价机制分别介绍。可用性付费部分一般有两种定价方式，建议方式为根据施工图设计（或初步设计）和工程预算价（或概算价）为依据，竞价确定固定价格，除建设成本有约定调整情况（如建材价格大幅变动、拆迁费用变化、政府指令的工程变更等）外，可用性付费固定不变。另一种退而求其次的方式，是暂以估算投资额为基数，由社会资本根据自身投资回报要求投报可用性付费价格，项目执行时根据决算投资及回报率重新计算可用性付费价格。此种方式下必须明确工程计价方法，如所用施工定额、建材取价方式等。这在本质上是以项目成本决定项目收入，与传统政府采购工程机制类似，使社会资本有虚增投资成本的动机，与PPP的激励相容机制及全生命周期成本管理的目标不太一致，建议慎重采用。

⑤ 运营绩效付费定价机制与可用性付费定价机制原理一致,方式也是建议采用包干方式,尽量避免据实结算方式。

⑥ 可行性缺口补助项目的定价更为复杂一些,但本质上是使用者付费与政府付费的结合。方案设计时需要讲清两部分付费价格的关联关系。例如,使用者付费项目中政府定价调整后财政补贴如何调整。

⑦ 不得将财金〔2015〕21号文中可行性缺口补助项目运营补贴计算公式[①]解释为"使用者付费增加就减少补贴、使用者付费减少就增加补贴"。这将导致社会资本失去运营激励、虚增成本。

(4) 价格调整机制

① 调价机制是为了应对未来市场环境的波动对项目运营成本的影响。因此,调价一般仅针对项目收入中对应运营成本的部分。如可用性付费项目中,对应运营成本部分的运营绩效付费可以调价,对应建设成本部分的可用性付费一般不宜调价(该部分付费如与基准利率挂钩的情况除外)。按使用量付费项目中,收费单价中对应投资建设成本的部分不予调价,对应运营成本的部分适用调价。

② 使用者付费项目中执行市场定价的,不宜设置调价机制,应当由社会资本承担运营成本上涨的风险。执行政府定价的,有可能出现运营成本有较大波动但收费价格没有及时调整的情况,应当设计调价机制,但如果政府定价无法实现同步调整,则考虑财政予以补贴。执行协议价以及政府付费的项目也应当设置调价机制。

③ 建议采用公式法调价,这样明确易执行。需要合理设置能够反映成本变化真实情况的调价系数。建议使用消费者物价指数、生产者物价指数、劳动力市场指数等有公开的权威数据的调价系数,这样更具有可操作性。

(5) 绩效考核机制

在方案阶段,不一定必须把绩效考核的详细办法制订出来,但需要明确绩效考核的基本机制和方案。绩效考核应当根据项目特点以及政府关注的重点产出内容设计,应当与项目收益相关联,并且应当容易操作。例如,污水处理项目可以重点考核出水水质、处理率等;道路项目可以重点考核路面、路基等养护状况。

---

① 当年运营补贴支出数额 = $\dfrac{\text{项目全部建设成本} \times (1+\text{合理利润率}) \times (1+\text{年度折现率})^n}{\text{财政运营补贴周期(年)}}$ + 年度运营成本 × (1+合理利润率) - 当年使用者付费数额

政府付费或可行性缺口补助方式获得回报的项目，应当建立与项目产出绩效相挂钩的付费机制；不得设计成项目建设成本不参与绩效考核，或实际与绩效考核结果挂钩部分占比不足30％，固化政府支出责任。

(6) 财务测算

① 建议按《建设项目经济评价方法与参数》（第三版）的要求，对项目进行财务测算。

② 财务测算的目的不仅是为了评价项目经济可行性（对社会资本是否吸引力），还可以预测政府未来支出责任，也为项目收费价格（或采购限价）决策提供数据依据。

③ 财务测算仅仅是基于目前掌握的项目经济技术数据（如估算投资额）和假设条件（如融资利率）所做的分析预测。后期社会资本参与竞争时会根据自身技术管理经验进行测算并报价，中标、成交价格才是项目实际执行的财务条件。

④ 财务测算需要列明各项假设条件，如投资总额、投资进度、融资金额、融资成本、运营成本、大中修及设备更新、折旧摊销、收费价格、需求数量、期限、税种税基及税率等。

⑤ 测算结果应当明确，测算过程可以作为附件。具体测算要求详见本指南中财务测算专章内容。

（三）相关配套安排、政府承诺和保障

(1) 相关配套安排

相关配套安排主要指由项目以外相关机构（一般主要由政府方协调）提供的土地、水、电、气和道路等配套设施和项目所需的上下游服务。例如，垃圾发电项目可能涉及协调解决项目产出电能进入电网的事项；污水处理厂项目需要协调解决污水收集管网同步投入使用的问题；供水项目需要协调解决水源水量水质问题；供热项目需要协调解决与居民小区内管道对接问题；等等。

(2) 政府承诺和保障

内容与相关配套安排类似，是《基础设施和公用事业特许经营管理办法》（六部委令第25号）对特许经营项目实施方案内容的要求。

八、合同体系

方案阶段的合同体系内容可繁可简，我们建议简单一些，因为运作方式和

交易结构已经描述的比较详细，方案阶段也没有必要把正式合同起草出来。建议将合同体系构成、PPP项目合同的核心边界条件简明阐述。

（一）合同体系

① 需要说明PPP项目合同体系的构成情况。一般包括项目合同、股东合同、融资合同、工程承包合同、运营服务合同、原料供应合同、产品采购合同和保险合同等。

② 明确本项目的合同体系构成，可以以图表形式说明。

③ 说明PPP项目合同的基础和核心地位。

④ 应当说明PPP项目合同先由中标、成交社会资本签署，项目公司成立后通过签订补充合同的方式承继项目合同（选取此种方式的理由详见本指南PPP项目合同专章内容）。

（二）项目边界条件

（1）内容一般包括：合同主体、合作范围和期限、项目的投融资、项目前期工作、项目建设、项目运营和维护、项目移交、收入和回报、履约担保、保险、不可抗力和法律变更、违约责任、合同的解除、适用法律和争议解决、其他约定、合同附件等。

（2）本节内容可以是合同草案构架的方式，也可以是合同摘要或其他方式，目的是明确PPP项目合同的核心内容，为后续合同起草明确原则和方向。例如，方案前面章节中可能未涉及履约担保、保险、合同解除等内容，那么，应当在本节内容中明确其基本思路和原则。

九、监管架构

根据财金〔2014〕113号文，监管架构是方案必备内容，主要介绍授权关系和监管方式。授权关系主要是政府对项目实施机构的授权，以及政府直接或通过项目实施机构对社会资本的授权；监管方式主要包括履约管理、行政监管和公众监督等。

（一）授权关系

授权关系一般在方案其他章节中也会有介绍，如项目概况中已经明确项目实施机构，运作方式和交易结构中已经介绍实施机构通过合同授予社会资本哪些权利。本节可以就前面章节未说明授权逻辑关系予以明确。例如，实施机构得到本级政府的授权，其代表本级政府对社会资本予以授权等。

（二）监管方式

（1）履约管理

履约管理指项目实施机构代表本级政府，依据项目合同约定，对项目公司（社会资本）在项目合作期内的合同履行情况进行监督管理，定期对项目情况进行评估和考核。这属于一种合同权利，需要有合同约定为依据。

（2）行政监管

行政监管指政府相关主管部门依据法定职责对项目公司（社会资本）生产、安全、环保等方面进行的行政监管。这属于政府职能部门的法定职权，不以合同约定为依据，但是需要有法律明文规定为依据。

（3）公众监督

由于PPP项目多涉及公共产品和公共服务，政府方一般负有公开项目信息的责任，以保障公众知情权和监督权。例如，政府方应当依据政府采购相关规定公开项目合同内容。再如，有的项目中，政府方应当公开项目定价信息。

十、采购方式

采购方式能够体现方案编制深度，也是方案的核心内容之一。本节需要对采购社会的方式予以论证，明确采购程序，并对采购中关键事项做出安排。项目实施方案先进行风险分析与分配，再根据风险分配设计了运作方式和交易结构，最终方案如何执行还是要落实到采购。采购的核心理念是竞争，所以报价等评审指标的设计是方案必须说明的内容。

（一）采购方式

（1）采购程序

关于PPP项目选择合作伙伴（社会资本）适用何种程序，在很长一段时间是争议的。但有一点没有争议，即通过竞争方式选择社会资本。规范的竞争程序有很多种，如招标、拍卖、挂牌等。国家发改委提倡使用招标方式，财政部要求使用政府采购方式（不采用政府采购程序一般不能入库）。我们一般建议采用政府采购程序。

(2) 采购方式

政府采购包含公开招标、邀请招标、竞争性谈判、竞争性磋商、询价、单一来源采购六种方式。只有询价方式不适用于 PPP 采购。单一来源采购方式的适用条件较为苛刻，风险较高，建议特别谨慎。邀请招标方式也具有一定的风险性，也建议慎用。竞争性谈判与竞争性磋商类似，主要区别在于谈判方式要适用低价成交原则，在 PPP 项目这种复杂的采购中一般不建议采用。因此，PPP 项目采购我们建议的方式为公开招标和竞争性磋商。

(3) 两招合并

国内许多工程施工企业作为社会资本参与 PPP 项目的主要目的之一是赚取施工利润。因此，许多社会资本特别关心能否在取得合作权的同时获得施工权。我们建议谨慎适用两招合并，特别是需要在方案中明确表达不再进行施工招标的。我们认为只有在下列条件都满足时才能实现两招标合并：

① 项目属于特许经营的，行业领域包括能源、交通运输、水利、环境保护、市政工程，且方案中明确提出特许经营概念。

② 以公开（或邀请）招标方式采购社会资本的。竞争性磋商或竞争性谈判不能免除施工招标。

③ 社会资本或其联合体成员具备项目工程所需资质的。

④ 采购社会资本时工程施工价格作为评审因素予以充分考虑的。

⑤ 项目行业主管部门确认无操作障碍的。例如，有的交通项目工程招标必须在省级交通主管部门的自有系统中完成，而该系统又不能同时进行社会资本采购；再如，有的地方住建部门要求采购社会资本的采购公告必须同时在住建部门规定的网站公告才认可。

(二) 采购程序

(1) 资格预审

根据财库〔2014〕215 号文，资格预审是 PPP 项目采购必要程序。同时，财库〔2014〕215 号文并不禁止资格预审和资格后审并用。但是，我们建议尽可能不并用。理由是预审和后审虽然标准一致，但评审时点不同，专家也可能不同，难免有不公平的嫌疑。

(2) 政府采购法实施条例的适用

既然适用政府采购程序，当然应当遵守政府采购法及其实施条例的规定。

但是，政府采购法实施条例对采购评审完成后时限的规定要求比较严格[1]，如果完全遵守则难以满足财库〔2014〕215号文关于确认谈判、拟中标/成交公示等时限要求[2]。按照法律效力，实施条例效力高于215号文，不能适用特别法优于一般法的规则直接适用215号文。因此，我们建议征求当地主管的财政部门政府采购管理机构意见。在征求意见之前，实施方案中对程序要求可以适当简化或模糊化处理。

（3）财政部87号令的适用

政府采购标的分为三种，工程、货物、服务。87号令系针对招标方式采购货物和服务的。而根据财金〔2014〕76号文，PPP项目采购社会资本在本质属于政府采购服务，因此，我们认为应当适用87号令的规定。

（三）关键事项

（1）资格条件

实施方案阶段如果可以明确资格条件就列明，方案经审批后可直接发布资格预审公告。如果条件还不成熟，可以列明大概原则和方向，留待后续编制资格预审文件时确定具体的资格条件。需要注意的是，根据《政府采购促进中小企业发展暂行办法》（财库〔2011〕181号）、财政部87号令等文件规定，采购人、采购代理机构不得将投标人的注册资本、资产总额、营业收入、从业人员、利润、纳税额等规模条件作为资格要求，对中小企业实行差别待遇或者歧视待遇。

---

[1] 《政府采购法实施条例》

第四十三条 采购代理机构应当自评审结束之日起2个工作日内将评审报告送交采购人。采购人应当自收到评审报告之日起5个工作日内在评审报告推荐的中标或者成交候选人中按顺序确定中标或者成交供应商。

采购人或者采购代理机构应当自中标、成交供应商确定之日起2个工作日内，发出中标、成交通知书，并在省级以上人民政府财政部门指定的媒体上公告中标、成交结果，招标文件、竞争性谈判文件、询价通知书随中标、成交结果同时公告。

[2] 财库〔2014〕215号文

第十七条 项目实施机构应当在预中标、成交社会资本确定后10个工作日内，与预中标、成交社会资本签署确认谈判备忘录，并将预中标、成交结果和根据采购文件、响应文件及有关补遗文件和确认谈判备忘录拟定的项目合同文本在省级以上人民政府财政部门指定的政府采购信息发布媒体上进行公示，公示期不得少于5个工作日。项目合同文本应当将预中标、成交社会资本响应文件中的重要承诺和技术文件等作为附件。项目合同文本涉及国家秘密、商业秘密的内容可以不公示。

第十八条 项目实施机构应当在公示期满无异议后2个工作日内，将中标、成交结果在省级以上人民政府财政部门指定的政府采购信息发布媒体上进行公告，同时发出中标、成交通知书。

（2）评审指标

如果在方案阶段还不宜确定具体的评审指标，可以提出原则和方向。评审指标应根据项目需求设计，与风险分配、运作方式、交易结构等内容相适应，一般包括商务、技术、价格等几个方面。

（3）报价指标

报价指标是评审指标的一部分，单独提出来是因为其重要性。设定报价指标需要注意如下几点：

① 实施方案中必须考虑如何设定报价指标。这是我们对方案深度的要求，也是项目能够落地的基本保障。

② 报价指标应当为数值。例如，项目收费单价、收费总价、缺口补助金额、保底量、合作年限、超额收入分配比例等。

③ 报价指标应当是财务测算假设条件中的一个或多个因子。因为成交价、中标价将写入项目合同，合同执行中要通过成交价、中标价计算项目公司的收入。例如，污水处理项目可以投报处理费单价，合同执行中可以通过单价乘以水量计算项目公司收入。

④ 报价指标应当设定上限，上限应当以实施方案测算作为依据。由于实施方案测算数据是经财政承受能力（下称财承）论证通过并经财政部门审核过，如果报价上限高于方案数据，则超出了财承论证的范围。例如，方案中假定 8% 收益率，采购时设定上限为 10%，则有可能成交价为 9%。那么财政是否有支付能力则失去了依据。

⑤ 设定报价指标应当考虑到采购评审操作的难易程度，确保可执行。例如，有的污水处理项目既要求投报处理费单价，又要求投报求利润率。其实处理费单价中已经包含了社会资本要求的利润，而且每一家社会资本的技术工艺不同、建设和运营成本不同。这样后续在设计采购评审的评分标准时，如何设置两个报价的权重，以及两个报价之间的关联如何处理都就将成为难题。

⑥ 报价指标设定应当考虑项目合同执行的难易程度，力争易执行。例如，有的项目设定超额利润分配比例为报价指标。这样就需要定期审计项目的收入和成本，以确定项目的利润。还要界定超额利润是利润率还是利润额，定义超额利润的起点数值。另外，还要考虑社会资本虚增成本的动机和应对措施，这将使合同执行过于复杂。其实简单易行的办法是设定超额收入分配比例。

⑦ 如果报价指标为价格，尽量设定为金额，而不使用收益率等比率，避免被误解为固定回报。例如，以建设成本为可用性付费基数的项目，采购社会资本的时点拟选在工程预算价确定之前，较为简单的处理方式是让社会资本投

报投资收益率，但这容易被认为给予社会资本固定回报。我们可以换一个角度，让社会资本以统一的投资估算为基准、按设定好计算公式（如等额本息期末支付）投报每年可用性付费金额，并列明其投资收益率。后续工程预算或决算投资额确定后，再根据公式重新计算可用性付费实际金额。这虽然在本质上与投报投资收益率一样，但至少在形式上有所改进。

十一、其他

实施方案中也可以根据项目需要加入其他内容。我们建议加入的内容有如下几项：

（1）项目进度计划

能够列明项目进度计划是项目落地的重要措施。我们建议主要明确如下节点：

① 提请财政部门进行物有所值评价、财政承受能力论证的时间节点，以及专家评审、财政部门批复的节点。

② 提报本级政府审核的时间节点，以及政府批复的节点。

③ 资格预审文件编制、公告、报名、评审等节点。

④ 采购文件编制、审核、公告（邀请）、评审、确认谈判、合同审核、合同签署等节点。

（2）各相关单位分工

项目的正常推进和顺利实施一般需要相关部门的协同配合，如财政部门对物有所值评价、财承论证两报告的批复，对采购的监督，再如发改、国土、环保、规划、建设等行政主管部门对项目立项、土地等前期手续的配合支持。因此，方案中如果有各部门具体分工，将来政府批准方案后可作为请各部门协同的依据，以提高项目推进效率。

（3）附件

① 通常可以将项目前期各项批复（如立项、环评、用地等），以及可行性研究报告作为方案的附件。

② 项目财务测算过程的表格也可以作为附件列示于方案最后，为方案中的测算结果提供支撑。

第三章 物有所值评价

一、物有所值评价介绍

(一) 编制目的和依据

为指导政府和社会资本合作 (Public-Private Partnership, PPP) 项目规范有序开展,以及为 PPP 项目决策、项目入库、绩效评价等工作提供有效依据。根据《中华人民共和国预算法》《中华人民共和国政府采购法》《国务院办公厅转发财政部发展改革委人民银行关于在公共服务领域推广政府和社会资本合作模式指导意见的通知》(国办发〔2015〕42号)、《PPP 物有所值评价指引(试行)》财金〔2015〕167号等有关规定,开展 PPP 项目物有所值评价工作。

(二) 物有所值及物有所值评价的定义

1. 物有所值

物有所值系从英文名称 Value for Money (VFM) 翻译而来,是指一个组织运用其可利用资源所获得的长期最大利益。物有所值是一个比较的概念,也就是说,值不值是通过事先预设的某个(些)主观或客观的标准进行衡量对比后得出的带有明确倾向性的结论,即要么达到同样的目的所需要的投入更少,要么同样的投入可以获得更多的产出(包括数量和质量)。VFM 是在满足公共需求条件下,全生命周期成本、风险、期限和质量的最优集合,也是决定采购是否选用 PPP 模式的重要考虑因素,对公共部门来说非常重要。

2. 物有所值评价

物有所值评价是国际上普遍采用的一种评价传统上由政府提供的公共产品服务是否可运用政府和社会资本合作模式的评估体系,旨在实现公共资源配置利用效率最优化。在 PPP 范畴下的物有所值评价是一个相对概念,需要将 PPP 模式与政府传统采购模式进行比较:

① 若两种采购模式的效果相同，则比较投入的多少就可以判断哪种模式更能实现物有所值。

② 若两种采购模式的投入相同，则比较所获效果的好坏就可以判断哪种模式更物有所值。

《PPP物有所值评价指引（试行）》财金〔2015〕167号文中将物有所值评价定义为："判断是否采用PPP模式代替政府传统投资运营方式提供公共服务项目，以及评估已执行PPP项目物有所值实现程度的一种方法。"

（三）物有所值评价框架

根据国内的实际情况，对于拟采用PPP模式实施的项目，应在项目识别和准备阶段开展物有所值评价，根据《PPP物有所值评价指引（试行）》财金〔2015〕167号文件给出的物有所值评价工作流程图如图3-1所示。

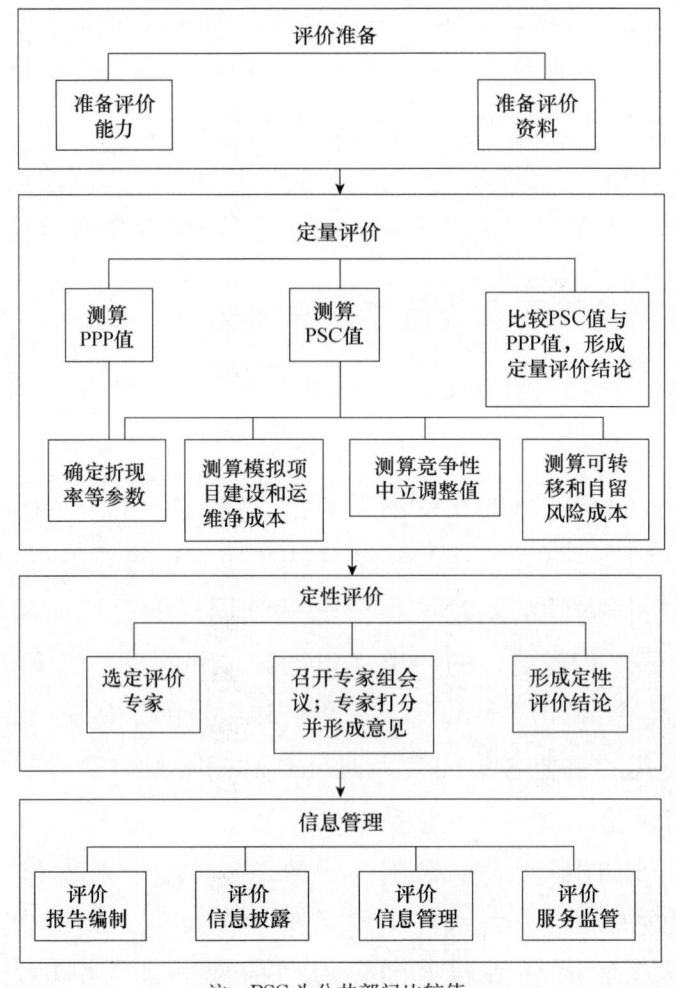

注：PSC为公共部门比较值。

图3-1 物有所值评价工作流程图

（四）物有所值评价准备资料

需要准备以下材料：
① （初步）实施方案。
② 项目产出说明。
③ 风险识别和分配情况。
④ 存量公共资产的历史资料。
⑤ 新建或改扩建项目的（预）可行性研究报告。
⑥ 设计文件等。

（五）物有所值评价报告大纲

（1）项目基础信息

简明地向报告阅读者介绍项目基本情况。主要数据来源自可行性研究报告、资产评估报告、（初步）实施方案。主要包括项目概况、项目产出说明和绩效标准、PPP运作方式、风险分配框架和付费机制等

（2）评价方法

评价方法主要包括定性评价程序、指标及权重、评分标准、评分结果、专家组意见以及定量评价的PSC值、PPP值的测算依据、测算过程和结果等。

（3）评价结论

评价结论分为"通过"和"未通过"。

（4）附件

通常包括（初步）实施方案、项目产出说明、可行性研究报告、设计文件、存量公共资产的历史资料、PPP项目合同等。

二、定性评价

定性评价重点关注项目采用政府和社会资本合作模式与采用政府传统采购模式相比能否增加供给、优化风险分配、提高运营效率、促进创新和公平竞争、有效落实政府采购政策等，以及从项目规模、项目资产寿命、项目收益、项目融资可行性角度分析，项目采用PPP模式实施是否可行。

在定性评价方面一般采取专家打分的方式进行。主要包括确定定性分析指标、组成专家小组、召开专家小组会议和做出定性分析结论。

（一）确定定性分析指标

定性评价指标包括基本评价指标和补充评价指标。

1. 基本评价指标

基本评价指标包括全生命周期整合程度、风险识别与分配、绩效导向与鼓励创新、潜在竞争程度、政府机构能力、可融资性等六项内容。

（1）全生命周期整合程度指标

主要考核在项目全生命周期内，项目设计、建造、融资、运营和维护等能否实现长期、充分的整合，是实现物有所值的重要机理。

（2）风险识别与分配指标

主要考核在项目全生命周期内各风险因素是否得到充分识别并在政府和社会资本之间进行合理分配。一般通过察看在项目识别阶段对项目风险的认识情况来评分。清晰识别和优化分配风险，是物有所值的一个主要驱动因素。在项目识别阶段的物有所值评价工作开始前，着手风险识别工作，有利于在后续工作实现风险分配优化。

（3）绩效导向与鼓励创新指标

绩效导向与鼓励创新指标主要考核是否建立以基础设施及公共服务供给数量、质量和效率为导向的绩效标准和监管机制，是否落实节能环保、支持本国产业等政府采购政策，能否鼓励社会资本创新。

PPP项目的绩效指标，特别是关键绩效指标，主要确定对PPP项目运营维护和产出进行检测的要求和标准，例如，针对公共产品和服务的数量和质量（或可用性）等。绩效指标越符合项目具体情况，越全面合理，越清晰明确，则绩效导向程度越高。

（4）潜在竞争程度指标

主要考核项目将引起社会资本（或其联合体）之间竞争的潜力，以及预计在随后的项目准备、采购等阶段是否能够采取促进竞争的措施。

（5）政府机构能力指标

主要考核政府转变职能、优化服务、依法履约、行政监管和项目执行管理能力。一般通过察看政府的PPP理念，以及结合项目具体情况察看相关政府部门及机构的PPP能力等来评分。PPP理念主要包括依法依合同平等合作、风险分担、全生命周期绩效管理等，以及PPP不仅是基础设施及公共服务融资手段，更是转变政府职能、建立现代财政制度等的重要手段。政府的PPP能力主要包括知识、技能和经验等，包括可通过购买服务获得的能力。

（6）可融资性指标

主要考核项目的市场融资能力。

2. 补充评价指标

项目同级财政部门（或 PPP 中心）会同行业主管部门，可根据具体情况设置补充评价指标。补充评价指标主要是六项基本评价指标未涵盖的其他影响因素，包括项目规模大小、预期使用寿命长短、主要固定资产种类、全生命周期成本测算准确性、运营收入增长潜力、行业示范性等。

（1）项目规模大小

主要依据项目的投资额或资产价值来评分。PPP 项目的准备、论证、采购等前期环节的费用较大，只有项目规模足够大，才能使这些前期费用占项目全生命周期成本的比例处于合理和较低水平。此外，一般情况下，基础设施及公共服务项目的规模越大，才能够采用 PPP 模式吸引社会资本参与。

（2）预期使用寿命长短

主要依据项目的资产预期使用寿命来评分。项目的资产使用寿命长，为利用 PPP 模式提高效率和降低全生命周期成本提供了基础条件。

（3）主要固定资产种类

主要依据 PPP 项目包含的资产种类多少来评分。一个项目可以包含多个种类的资产，一般来说，项目的资产种类越多，由社会资本方实施，将实现更高的效率和更好的效果。

（4）全生命周期成本测算准确性

主要通过察看项目对采用 PPP 模式的全生命周期成本的理解和认识程度，以及全生命周期成本将被准确预估的可能性来评分。全生命周期成本是确定 PPP 合作期长短、付费多少、政府补贴等的重要依据。

（5）运营收入增长潜力

主要通过预计社会资本合作方增加额外收入的可能程度来评分。社会资本合作方通过实施项目，在满足公共需求的前提下，增加额外收入，可以降低政府的成本和公众的支出。

3. 指标权重

在各项评价指标中，六项基本评价指标权重为 80%，其中任一指标权重一般不超过 20%；补充评价指标权重为 20%，其中任一指标权重一般不超过 10%。

4. 指标分值

每项指标评分分为五个等级，即有利、较有利、一般、较不利、不利，对应分值分别为 100～81 分、80～61 分、60～41 分、40～21 分、20～0 分。项目同级财政部门（或PPP中心）会同行业主管部门，按照评分等级对每项指标制订清晰准确的评分标准。

（二）组成专家小组

项目同级财政部门（或PPP中心）会同行业主管部门，根据项目具体情况，选取物有所值评价专家，组成专家小组，并确定组长。专家小组包括财政、资产评估、会计、金融等经济方面，以及行业、工程技术、项目管理和法律方面等领域的专家。项目所在地的省级财政部门已公布专家推荐名单的，应从推荐名单中遴选专家，并应在满足前述专业要求的前提下尽可能随机遴选。

（三）召开专家小组会议

项目同级财政部门（或PPP中心）会同行业主管部门，组织召开专家小组会议。专家小组会基本程序如下：

① 专家在充分讨论项目情况后，对照评分参考标准（表3-1），按指标对项目进行评分，填入专家评分表并签名，评分表如表3-1所示。

② 针对每个指标求专家评分的总分，然后计算每个指标对应的平均分，再对平均分按照指标权重计算加权分，得到评分结果。

③ 形成专家小组意见。

表3-1　PPP项目物有所值定性分析评分参考标准

编号	指标	评分参考标准
1	全生命周期整合程度	• 81~100分：项目资料表明，设计、融资、建造和全部运营、维护将整合到一个合同中；对于存量项目，采用PPP模式，至少有全部运营、维护整合到一个合同中 • 61~80分：项目资料表明，设计、融资和建造以及核心服务或大部分非核心服务的运营、维护将整合到一个合同中；对于存量项目，采用PPP模式，至少有融资和核心服务或大部分非核心服务的运营、维护将整合到一个合同中 • 41~60分：项目资料表明，设计、融资、建造和维护等将整合到一个合同中，但不包括运营；或融资、建造、运营和维护等将整合到一个合同中，但不包括设计；对于存量项目采用PPP模式，仅运营和维护将整合到一个合同中 • 21~40分：项目资料表明，融资、建造和维护等将整合到一个合同中，但不包括设计和运营 • 0~20分：项目资料表明，设计、融资、建造等三个或其中更少的环节将整合到一个合同中

续表

编号	指标	评分参考标准
2	风险识别与分配	• 81~100 分：项目资料表明，已进行较为深入的风险识别工作，预计其中的绝大部分风险或全部主要风险将在政府与社会资本合作方之间明确和合理分配 • 61~80 分：项目资料表明，已经进行较为深入的风险识别工作，预计其中的大部分主要风险可以在政府与社会资本合作方之间明确和合理分配 • 41~60 分：项目资料表明，已进行初步的风险识别工作，预计这些风险可以在政府与社会资本合作方之间明确和合理分配 • 21~40 分：项目资料表明，已进行初步的风险识别工作，预计这些风险难以在政府与社会资本合作方之间明确和合理分配 • 0~20 分：项目资料表明，尚未开展风险识别工作，或没有清晰识别风险
3	绩效导向与鼓励创新	• 81~100 分：项目产出和绝大部分绩效指标符合项目具体情况，全面合理，清晰明确 • 61~80 分：项目产出和大部分绩效指标符合项目具体情况，全面合理，清晰明确 • 41~60 分：项目产出和绩效指标比较符合项目具体情况，但不够全面和清晰明确，缺乏部分关键绩效指标 • 21~40 分：已设置的项目产出和绩效指标比较符合项目具体情况，比较明确，但主要关键绩效指标未设置 • 0~20 分：未设置项目产出和绩效指标或绩效指标不符合项目具体情况，不合理、不明确
4	潜在竞争程度	• 81~100 分：项目将引起社会资本（或其联合体）之间竞争的潜力大且已存在明显的证据或迹象 • 61~80 分：项目将引起社会资本（或其联合体）之间竞争的潜力较大，预期后续通过采取措施可进一步提高竞争程度 • 41~60 分：项目将引起社会资本（或其联合体）之间竞争的潜力一般，预期后续通过采取措施可提高竞争程度 • 21~40 分：项目将引起社会资本（或其联合体）之间竞争的潜力较小，预期后续通过采取措施有可能提高竞争程度 • 0~20 分：项目将引起社会资本（或其联合体）之间竞争的潜力小，预期后续不大可能提高竞争程度
5	政府机构能力	• 81~100 分：政府具备较为全面、清晰的 PPP 概念，且本项目相关政府部门及机构具有较强的 PPP 能力 • 61~80 分：政府的 PPP 理念一般，但本项目相关政府部门及机构具有较强的 PPP 能力 • 41~60 分：政府的 PPP 理念一般，且本项目相关政府部门及机构 PPP 能力一般 • 20~41 分：政府的 PPP 理念较欠缺，且本项目相关政府部门及机构 PPP 能力较欠缺且不易较快获得 • 0~20 分：政府的 PPP 理念欠缺，且本项目相关政府部门及机构 PPP 能力欠缺且难以获得获得

续表

编号	指标	评分参考标准
6	可融资性	• 81～100 分：预计项目对金融机构的吸引力很高，或已有具备强劲实力的金融机构明确表达了对项目的兴趣 • 61～80 分：预计项目对金融机构的吸引力较高 • 41～60 分：预计项目对金融机构的吸引力一般，通过后续进一步准备，可提高吸引力 • 21～40 分：预计项目对金融机构的吸引力较差，通过后续进一步准备，可提高吸引力 • 0～20 分：预计项目对金融机构的吸引力很差
7	行业示范性	• 81～100 分：项目具有很高的行业示范性，行业内影响力重大，对后续同类项目参考意义重大 • 61～80 分：项目具有较高的行业示范性，对后续同类型项目运作有较高的参考价值 • 41～60 分：项目行业示范程度一般，具有一定参考价值 • 21～40 分：项目行业示范程度较低，对后续同类型项目运作参考意义不大 • 0～20 分：项目不具有行业示范性，对后续同类型项目运作没有参考价值
8	运营收入增长潜力	• 81～100 分：预计本项目在运营期内收入增长潜力巨大，可以大幅度减少财政缺口补贴责任甚至进行超额收益分成 • 61～80 分：预计本项目在运营期内收入增长潜力较大，可以适度减少财政缺口补贴责任 • 41～60 分：预计本项目在运营期内收入增长潜力一般，可能减少财政缺口补贴责任 • 21～40 分：预计本项目在运营期内收入可能发生下滑，可能增加财政缺口补贴责任 • 0～20 分：预计本项目在运营期内收入可能发生较大下滑，增加财政缺口补贴责任
9	全生命周期成本测算准确性	• 81～100 分：项目全生命周期成本测算具有数据依据支撑，测算过程合理，测算结果准确性很高 • 61～80 分：项目全生命周期成本测算具有数据依据支撑，测算过程较为合理，测算结果准确性较高 • 41～60 分：项目全生命周期成本测算具有一定数据依据支撑，测算过程存在偏差，测算结果准确性一般 • 21～40 分：项目全生命周期成本数据依据支撑较弱，测算过程合理性较弱，测算结果准确性较低 • 0～20 分：项目全生命周期成本测算基本无数据依据支撑，测算结果存在明显错误，准确性很低

表 3-2 PPP 项目物有所值定性分析专家评分表

	指标	权重	评分
基本指标 （六项）	全生命周期整合程度		
	风险识别与分配		
	绩效导向与鼓励创新		
	潜在竞争程度		
	政府机构能力		
	可融资性		
	基本指标小计	80%	
附加指标	行业示范性		
	运营收入增长潜力		
	全生命周期成本测算准确性		
	⋮		
	附加指标小计	20%	
	合计	100%	

专家签字：

年　月　日

（四）作出定性分析结论

项目同级财政部门（或 PPP 中心）会同行业主管部门，根据评分结果和专家小组意见，作出定性分析结论。原则上，评分结果在 60 分（含）以上的，项目通过物有所值定性分析；否则，项目不宜采用 PPP 模式。

三、定量评价

（一）物有所值定量分析的基本思路

物有所值的定量分析的基本思路：

在假定采用 PPP 模式与政府传统采购模式的产出绩效相同的前提下，通过对 PPP 项目全生命周期内政府支出成本的净现值（PPP 值）与公共部门比较值（PSC 值）进行比较，判断 PPP 模式能否降低项目全生命周期成本。当（PSC 值－PPP 值）＞0，即物有所值量值为正时，说明项目适宜采用 PPP 模式，否则不宜采用 PPP 模式。

（二）物有所值定量分析主要步骤

物有所值定量分析的主要步骤如下：
① 选取参照项目。
② 根据参照项目计算 PSC 值。
③ 根据影子报价或实际报价计算 PPP 值。
④ 比较 PSC 值和 PPP 值，计算物有所值量值或指数，得出定量分析结论。

（三）选取参照项目

参照项目的设定应遵循以下原则：
① 参照项目与 PPP 项目产出说明要求的产出范围和标准相同。
② 参照项目应采用基于政府现行最佳实践的、最有效和可行的采购模式。
③ 参照项目的内容不一定全部由政府直接承担，政府也可将项目部分内容外包给第三方建设或运营，但外包部分的成本应计入参照项目成本。
④ 参照项目的各项假设和特征在计算全过程中应保持不变。
⑤ 参照项目财务模型中的数据口应保持一致。

参照项目可根据具体情况确定为：
① 假设政府采用现实可行的、最有效的传统投资方式实施的、与 PPP 项目产出相同的虚拟项目。
② 最近五年内，相同或相似地区采用政府传统投资方式实施的、与 PPP 项目产出相同或非常相似的项目。

（四）PSC 的值计算

1. PSC 定义和特点

PSC（Public Sector Comparator，公共部门比较值）是指在全生命周期内，假设政府作为供应商，采用传统模式提供公共产品和服务的全部成本的现值。

PSC 是 PPP 项目物有所值定量分析的比较基准，假设前提是采用政府传统采购模式与 PPP 模式的产出绩效相同。计算 PSC 主要考虑以下因素：一是项目全生命周期内的建设、运营等成本；二是现金流的时间价值；三是竞争性中立调整、项目全部风险成本等。

2. PSC 的组成

PSC 由三部分组成，分别是参照项目的建设和运营维护净成本（初始 PSC 值）、竞争性中立调整值、项目全部风险成本。

PSC 是项目在提供满足政府要求的产品和服务时，全生命周期成本现值的加和，其计算公式如下：

PSC＝参照项目的建设和运营维护净成本（初始 PSC）＋竞争性中立调整值＋项目全部风险成本。

其中：

① 建设净成本主要包括参照项目设计、建造、升级、改造、大修等方面投入的现金以及固定资产、土地使用权等实物和无形资产的价值，并扣除参照项目全生命周期内产生的转让、租赁或处置资产所获的收益。

② 运营维护净成本主要包括参照项目全生命周期内运营维护所需的原材料、设备、人工等成本，以及管理费用、销售费用和运营期财务费用等，并扣除假设参照项目与 PPP 项目付费机制相同情况下能够获得的使用者付费收入等。

③ 竞争性中立调整值是单纯由政府运营服务而产生的利或弊，针对这些利弊对成本进行增加或减少的调整。

④ 项目全部风险成本包括可转移给社会资本的风险承担成本和政府自留风险的承担成本。可转移风险是在 PPP 模式下转移给社会资本的风险。这部分的风险应该包含在 PSC 之中。在衡量风险是否转移给社会资本的时候，关键要考虑社会资本是否是最合适的风险管理者，能否以最低的成本管理风险。当政府相关部门管理风险的成本高于把风险转移给社会资本的时候，社会资本必然会采取最有效的方法来控制风险带来的成本，从而提高风险管理效率，实现物有所值。自留风险主要是不宜转移给社会资本的风险，由政府自行承担。尽管无论采用 PPP 模式还是政府采购模式，这部分费用都需要政府支付。

3. PSC 目的和范围

PSC 的目的是为政府提供一种量化的评价 VFM 的方法。它是基于比较社会资本和政府部门提供的服务水平而产生的。它是政府判断项目是否物有所值的重要工具，其重要性与计量方法的系统性和复杂性有关。

PSC 提供给政府的是一种近似估计方法，评价的基础是假设政府提供的产品或服务与社会资本提供的差异不大，水平相当，为了保证 PSC 有效性，要求：

① 在判断 PPP 项目安排的潜在资金价值时采用定量方法。

② 运用敏感性分析和情景分析来判断基本假设的稳定性和这些因素对 PSC 结果的影响。

③ 为保证评标过程的公正性，PSC 作为比较基准应有充分的灵活性来根据新的信息进行调整。

4. PSC 的编制步骤

PSC 作为公共部门的比较基准，编制的第一步是要确定项目提供的产品标准或服务标准，之后按照 PSC 三大组成部分，按参照项目建设和运营维护净成本、竞争性中立调整值、项目全部风险成本的顺序进行识别计算。（注意：不要为了编制的速度而把 PSC 分成几部分分别编制，因为 PSC 的每一部分都是基于上一部分的信息来确定的。）

5. PSC 的值计算过程

（1）计算建设和运营维护净成本（初始 PSC 值）

初始 PSC 值是政府实施参照项目所承担的建设成本、运营维护成本和其他成本等成本的净现值之和。

初始 PSC 值＝（建设成本－资本性收益）＋（运营维护成本－第三方收入）

① 建设成本主要包括项目设计、施工等方面投入的现金以及固定资产、土地使用权等实物和无形资产。

② 资本性收益是指参照项目全生命周期内产生的转让、租赁或处置资产所获的收益。资本性收益应从建设成本中抵减。

③ 运营维护成本主要包括参照项目全生命周期内运营维护所需的原材料、设备、人工等成本，以及管理费用、销售费用和运营期财务费用等。

项目资产的升级、改造、大修费用不属于运营维护成本，应计入建设成本。

④ 第三方收入是指参照项目全生命周期内，假定政府按照 PPP 模式提供项目基础设施和公共服务从第三方获得的收入（如用户付费收入）。第三方收入应从运营维护成本中抵减。

参照项目中假定政府向用户收取费用的，该项收入（即用户付费收入）不得高于 PPP 模式下社会资本收取的使用者付费。

（2）计算竞争性中立调整值

计算竞争性中立调整值主要是为了消除政府传统采购模式下公共部门相对社会资本所具有的竞争优势，以保障在物有所值定量分析中政府和社会资本能够在公平基础上进行比较。

政府竞争优势通常包括政府比社会资本少支出的土地费用、行政审批费用、有关税费等。

(3) 计算风险承担成本

根据风险的承担主体不同可以将风险分为转移风险和自留风险。具体在计算风险承担成本时可结合项目实施方案中的风险分配框架，进一步识别项目风险，优化分配方案，可选用概率法、比例法等方法对风险承担成本进行量化。

① 概率法：通过设定有利、基本、不利、较差、最坏等不同情景下的风险后果值，对每种情景的发生概率进行测算，加权得出风险承担成本。

计算公式如下：

$$风险承担成本 = \sum (某情景风险后果值 \times 某情景发生概率)$$

概率法情景设定参考示例如表 3-3 所示。

表 3-3 概率法情景设定值

情景假设	风险后果	发生概率
有利	成本节约 5% 以上	5%
基本	成本节约 5%～成本超支 5% 以上	10%
不利	成本超支 5%～15%	50%
较差	成本超支 15%～25%	25%
最坏	成本超支 25% 以上	10%

根据项目实施方案的风险分配框架评估政府与社会资本的风险分担比例，测算可转移风险承担成本和自留风险承担成本。

可转移风险承担成本占项目风险承担成本的比例一般为 70%～85%。

② 比例法：比例法主要是按照项目建设运营成本的一定比例确定风险承担成本，适用于风险后果值和风险概率难以测算的情形。

$$风险承担成本 = 项目建设运营成本 \times 风险承担成本比例$$

通常风险承担成本不超过项目建设运营成本的 20%。可转移风险承担成本占项目全部风险承担成本的比例一般为 70%～85%。

(4) 折现率的确定

折现率通应考虑财政补贴支出发生年份，并参照同期地方政府债券收益率合理确定。注意计算 PSC 值和 PPP 值所使用的折现率应相同。

(五) PPP 值的计算

PPP 值是指政府实施 PPP 项目所承担的全生命周期成本的净现值，可等同于 PPP 项目全生命周期内股权投资、运营补贴、风险承担、配套投入等各项财政支出责任的现值。识别或准备阶段的物有所值定量评价中，应当以项目（初步）实施方案确定的投融资结构、运营补贴支付机制、风险分配方案、配套安排等为基础，对股权投资、运营补贴、风险承担、配套投入进行测算。

1. 股权投资支出责任

股权投资支出责任是指在政府与社会资本共同组建项目公司的情况下，政府承担股权投资的支出责任。如果社会资本单独组建项目公司，政府不承担股权投资的支出责任。

股权投资支出应当依据项目资本金要求以及项目公司股权结构合理确定。股权投资支出责任中的土地等实物投入或无形资产投入，应依法进行评估，合理确定价值。其计算公式如下：

$$股权投资支出 = 项目资本金 \times 政府占项目公司股权比例$$

2. 运营补贴支出责任

运营补贴支出责任是指在项目运营期间，政府承担的直接付费责任。不同运营模式下，政府承担的运营补贴支出责任不同，运营补贴支出应当根据项目建设成本、运营成本及利润水平合理确定，并按照不同付费模式分别测算。目前常见的测算方式主要有以下三种：

（1）按照财金〔2015〕21号文公式测算

① 对政府付费模式的项目。

在项目运营补贴期间，政府承担全部运营补贴支出责任；政府每年付费数额包括社会资本方承担的年均建设成本（折算各年度现值）、年度运营成本和合理利润。计算公式为：

当年运营补贴支出数额＝

$$\frac{项目全部建设成本 \times (1+合理利润率) \times (1+年度折现率)^n}{财政运营补贴周期（年）}$$

$$+年度运营成本 \times (1+合理利润率)$$

② 对可行性缺口补助模式的项目。

在项目运营补贴期间，政府承担部分直接付费责任。政府每年直接付费数额包括社会资本方承担的年均建设成本（折算成各年度现值）、年度运营成本和合理利润，再减去每年使用者付费的数额。计算公式为：

当年运营补贴支出数额＝

$$\frac{项目全部建设成本 \times (1+合理利润率) \times (1+年度折现率)^n}{财政运营补贴周期（年）}$$

$$+年度运营成本 \times (1+合理利润率) - 当年使用者付费数额$$

公式中应注意的事项：

a. n 代表折现年数。财政运营补贴周期指财政提供运营补贴的年数。

b. 年度折现率应考虑财政补贴支出发生年份，并参照同期地方政府债券收益率合理确定。

c. 合理利润率应以商业银行中长期贷款利率水平为基准，充分考虑可用性付费、使用量付费、绩效付费的不同情景，结合风险等因素确定。

d. 在计算运营补贴支出时，应当充分考虑合理利润率变化对运营补贴支出的影响。

e. PPP项目实施方案中的定价和调价机制通常与消费物价指数、劳动力市场指数等因素挂钩，会影响运营补贴支出责任。在可行性缺口补助模式下，运营补贴支出责任受到使用者付费数额的影响，而使用者付费的多少因定价和调价机制而变化。在计算运营补贴支出数额时，应当充分考虑定价和调价机制的影响。

③ 对使用者付费模式的项目：政府不承担运营补贴支出责任。

（2）按照等额本息公式计算

① 对政府付费模式的项目。

在项目运营补贴期间，政府承担全部运营补贴支出责任；政府每年付费数额不变，计算公式为：

$$当年政府付费数额 = \frac{项目建设成本 \times 投资回报率 \times (1+投资回报率)^n}{(1+投资回报率)^n - 1}$$

［即：可用性付费］＋年度运营成本×（1＋合理利润率）［即：运维绩效付费］

项目建设成本：在实际操作中，根据甲方的意向对是否包含建设期利息和是否扣减政府方出资进行灵活调整。

n：可用性付费年限，一般为运营期年限，也有可能出现为考虑还款而小于运营期年限的情况，此种情况应提醒客户充分考虑政府财政支出责任的平滑性。

投资回报率：根据项目的经济情况进行合理确定，招标标的之一，作为招标控制价上限。

② 对可行性缺口补助模式的项目。

在项目运营补贴期间，政府承担部分直接付费责任。政府每年直接付费数额计算公式为：

$$当年可行性制品补助 = \frac{项目建设成本 \times 投资回报率 \times (1+投资回报率)^n}{(1+投资回报率)^n - 1}$$

［即：可用性付费］＋年度运营成本×（1＋合理利润率）［即：运维绩效付费］

－当年使用者付费数额

(3) "股债分离"模式

该种模式的使用区域具有明显的地域色彩,四川省的 PPP 项目使用较多。其主要思路是根据项目资金的来源不同,分别计算资金回报。

① 对政府付费模式的项目。

在项目运营补贴期间,政府承担全部运营补贴支出责任;政府每年付费数额计算公式为:

$$当年政府付费数额 = \frac{项目股本金 \times 投资回报率 \times (1+投资回报率)^n}{(1+投资回报率)^n - 1} + 当年还本付息额 + 年度运营成本 \times (1+投资回报率)$$

或:

$$当年政府付费数额 = \frac{项目股本金 \times (1+合理利润率) \times (1+年度折现率)^n}{财政运营补贴周期(年)} + 当年还本付息额 + 年度运营成本 \times (1+合理利润率)$$

注意,此公式中的项目股本金需要根据项目具体情况确定是否包含政府出资代表出资。

② 对可行性缺口补助模式的项目。

在项目运营补贴期间,政府承担部分直接付费责任。政府每年直接付费数额计算公式为:

$$当年政府付费数额 = \frac{项目股本金 \times 投资回报率 \times (1+投资回报率)^n}{(1+投资回报率)^n} + 当年还本付息额 + 年度运营成本 \times (1+合理回报率) - 当年使用者付费数额$$

或:

$$当年政府付费数额 = \frac{项目股本金 \times (1+合理利润率) \times (1+年度折现率)^n}{财政运营补贴周期(年)} + 当年还本付息额 + 年度运营成本 \times (1+合理利润率) - 当年使用者付费数额$$

3. 风险承担支出责任

风险承担支出责任是指项目风险分配方案中政府承担风险带来的财政或有支出责任。通常由政府承担的法律风险、政策风险、最低需求风险以及因政府方原因导致项目合同终止等突发情况,会产生财政或有支出责任。

风险承担支出责任应充分考虑各类风险出现的概率和带来的支出责任,可采用比例法、情景分析法及概率法进行测算。如果 PPP 合同约定保险赔款的第一受益人为政府,则风险承担支出应为扣除该等风险赔款金额的净额。

(1) 比例法

在各类风险支出数额和概率难以进行准确测算的情况下,可以按照项目的全部建设成本和一定时期内的运营成本的一定比例确定风险承担支出。

(2) 情景分析法

在各类风险支出数额可以进行测算,但出现概率难以确定的情况下,可针对影响风险的各类事件和变量进行"基本""不利"及"最坏"等情景假设,测算各类风险发生带来的风险承担支出。计算公式为:

风险承担支出数额＝基本情景下财政支出数额×基本情景出现的概率＋不利情景出现的概率＋最坏情况下财政支出数额×最坏情景出现的概率

(3) 概率法

在各类风险支出数额和发生概率均可进行测算的情况下,可将所有可变风险参数作为变量,根据概率分布函数,计算各种风险发生带来的风险承担支出。

4. 配套投入支出责任

应综合考虑政府将提供的其他配套投入总成本和社会资本方为此支付的费用。配套投入支出责任中的土地等实物投入或无形资产投入,应依法进行评估,合理确定价值。计算公式为:

配套投入支出数额＝政府拟提供的其他投入总成本－社会资本方支付的费用

5. 折现率的确定

折现率通应考虑财政补贴支出发生年份,并参照同期地方政府债券收益率合理确定。注意计算 PSC 值和 PPP 值所使用的折现率应相同。

(六) 物有所值量值和指数计算

物有所值定量分析的结果通常以物有所值量值或物有所值指数的形式表示。

物有所值量值 (VFM) ＝PSC 值－PPP 值

物有所值指数＝(PSC 值－PPP 值) ÷PSC 值×100%

通过比较 PSC 值和 PPP 值,物有所值量值和指数均为正,说明本项目适宜采用 PPP 模式,物有所值量值和指数越大,说明 PPP 模式替代传统采购模式实现的价值越大。

四、评价结论

(一)定性评价结论

通过物有所值定性分析评价加权平均得分是否大于 60 分,判断是否适宜采用 PPP 模式。专家评分表如表 3-4 所示,物有所值定性评价结果计算表如表 3-5 所示。

表 3-4 专家评分结果表

指标		权重	评分				
			专家1	专家2	专家3	专家4	……
基本指标	全生命周期整合程度						
	风险识别与分配						
	绩效导向与鼓励创新						
	潜在竞争程度						
	政府机构能力						
	可融资性						
	基本指标小计	80%					
补充指标	项目规模						
	全生命周期成本估计准确性						
	资产利用及收益						
	⋮						
	补充指标小计	20%					
	合计	100%					

专家签字:

年 月 日

表 3-5 物有所值定性评价结果计算表

指标		权重 A	总分 B	平均分 C=B÷专家数	加权分 F=C×A
基本指标	全生命周期整合程度				
	风险识别与分配				
	绩效导向与鼓励创新				
	潜在竞争程度				
	政府机构能力				
	可融资性				
	基本指标小计	80%			
补充指标	项目规模				
	全生命周期成本估计准确性				
	资产利用及收益				
	……				
	补充指标小计	20%			
	评分结果	100%			

综上，对本项目 PPP 模式所做的物有所值定性评价是否满足物有所值的要求。

（二）定量评价结论

根据上述 PSC 值和 PPP 值的分析，计算得到项目全生命周期 PSC 现值和 PPP 现值并进行分析比较。具体分析结果如表 3-6 所示。

表 3-6 物有所值指标分析表

指标	单位	数值
PSC 值	万元	
PPP 值	万元	
物有所值量值	万元	
物有所值指数	%	

根据物有所值评价的要求，如果公共部门比较值（PSC）大于全生命周期政府支出净成本现值（PPP），则意味着政府传统采购模式成本更高，选择 PPP 模式是更为经济的；且差值越大，越宜采用 PPP 模式。具体而言，当物有所值评价量值和指数为正时，说明项目适宜采用 PPP 模式，否则不适宜采用 PPP 模式。通过判断项目量值和指数是否均为正，确定项目是否适宜采用 PPP 模式。

 # 第四章　财政承受能力论证

一、财政承受能力论证基本介绍

(一) 财政承受能力论证目的和依据

根据《政府和社会资本合作模式操作指南》(财金〔2014〕113号)(下简称《操作指南》)、《政府和社会资本合作项目财政管理暂行办法》(财金〔2016〕92号)等文件的要求,为确保财政中长期可持续性,财政部门应根据项目全生命周期内的财政支出、政府债务等因素,对PPP项目开展财政承受能力论证。

财政承受能力论证是由《政府和社会资本合作模式操作指南》(财金〔2014〕113号)提出,《政府和社会资本合作项目财政承受能力论证指引》(财金〔2015〕21号)(下简称《论证指引》)系统性阐述的重要论证方式。

(二) 财政承受能力论证定义

根据《政府和社会资本合作项目财政承受能力论证指引》,财政承受能力论证的定义如下:

财政承受能力论证是指识别、测算政府和社会资本合作(PPP)项目的各项财政支出和责任,科学评估项目实施对当前以及今后年度财政支出的影响,为PPP项目财政管理提供依据。

(三) 论证及审批流程

根据《操作指南》的要求,财政承受能力论证是项目识别阶段的重要论证程序,是项目准备阶段中实施方案申请人民政府批复的必要前提。

根据《论证指引》的要求,由财政部门主导开展对PPP项目的财政承受能力的论证工作。在PPP工作实践中,财政承受能力论证的报告编制往往由

实施机构或其他相关机构委托第三方机构编制财政承受能力论证报告，由本级财政部门或PPP中心的主管人员负责对报告编制情况及项目中财政支出数据进行论证，并将论证认定的项目支出数据纳入本级PPP项目财政支出统筹计划。

在物有所值专家论证会中，评审专家在评估项目运作是否物有所值、实施方案是否满足定性评价指标要求的同时，往往会对财政承受能力论证中报告编制深度、责任识别与支出测算准确性、占本级财政预算支出比例等情况提出专业意见，财政部门可参考专家评审会中对财政承受能力论证报告的意见。

财政承受能力论证，并非对单个项目的评估，而是对项目涉及区域本级政府的财政情况作出评估，因此在对所论证项目的支出情况进行测算的同时，财政部门须统筹本级全部已实施和拟实施PPP项目的各年度支出责任，并综合考虑行业均衡性和PPP项目开发计划后，出具财政承受能力论证报告审核意见。

（四）报告编制基本要求

财政承受能力论证报告的阅读者以财政部门、实施机构及其他政府方相关机构为主，市场测试及合同谈判阶段也有可能提由政府方供部分或全篇给社会资本。

在PPP实践中，篇章结构一般由项目概况、财政支出责任识别、财政支出金额测算和财政承受能力评估构成，篇章结构与财政承受能力论证指引中的论证步骤相一致。

财政承受能力论证是对实施方案做出的项目运作方式设计进行财政支出责任的评估论证，因此论证报告的项目概况应当与实施方案的信息相一致。尽管实施方案、物有所值评价和财政承受能力论证三个报告在识别与准备阶段经常一起使用，但编制报告时应考虑财政承受能力论证报告单篇的可读性，论证报告中应在项目概况章节充分提供支出责任识别与支出测算相关的基础信息。

项目概况作为论证过程的基础，一般除项目基本信息以外，需要较为清晰的介绍如下指标：

① 项目经济技术指标，包括项目选址与规划信息、项目建设运营内容、项目投资构成。

② 风险分配机制，风险分配是与风险承担支出责任最直接的部分。在财

政承受能力论证报告中,应体现出各类风险在政府方与社会资本之间的风险分配结果,并阐述风险防范措施与风险事项处理安排。

③ 运作方式与交易结构,包括项目运作模式的选择,投融资结构,项目公司的股权结构等。在投融资结构中,需要明确项目总投资金额、项目资本金设定比例及金额、融资比例及金额。如项目总投资中有政府专项资金或配套投入资金,需要在此处明确表述。在项目公司股权结构中应关注如下事项:

a. 明确项目公司注册资本金额,与实施方案保持一致。

b. 需要明确政府出资代表与社会资本的出资金额和所占股权比例。

c. 须明确项目公司注册资本的资金是否来源于财政资金,如果项目资本金高于项目公司注册资本金,则高出部分资金建议明确资金是否来源于财政资金。

④ 项目回报机制。回报机制是与财政支出责任最直接的部分,需要列明项目公司回报机制属于使用者付费、可行性缺口补助和政府付费的哪一种。

不建议在实施方案的基础上简化,如实施方案中回报机制表述太长需要简化,依然需要保留项目收入构成及付费主体、价格形成机制、财务测算结果。

针对价格形成机制,需要关注:

a. 每一项收入都有其价格形成机制,需要解释清楚各构成要素之间相互联系和作用的关系及其原理。

b. 各项收入需要列出具体计算公式,针对公式内的各项变量,在公式下方都应该有明确的描述与解释。计算公式之后,应该尽可能通过表格形式给出计算结果,表格应标注单位。

针对财务测算结果,需要关注:

a. 应在报告中体现各年度项目公司各项收入、使用者付费总额、政府付费总额和缺口补助总额以及全部年份总和。

b. 应在报告中体现项目全投资/资本金投资收益结果。

二、责任识别

责任识别是针对政府方在PPP项目全生命周期的支出责任进行识别与分析,根据财金〔2015〕21号文,PPP项目财政支出责任可分为股权投资、运营补贴、风险承担、配套投入等支出责任。

(一)股权投资支出责任

股权投资支出责任是在政府与社会资本共同组建项目公司的情况下,政府承担的股权投资支出责任。如果社会资本单独组建项目公司,政府方不承担股权投资支出责任。

股权投资支出责任的表述中,需明确两方面的安排:

① 项目公司中政府出资代表的股权投资是由财政承担还是由政府出资代表自有资金承担。如以政府出资代表自有资金承担,则应该明确表述,这部分支出不纳入本级财政承受能力论证统计。

② 如项目公司的注册资本与项目资本金不同,则需要结合本项目的投融资结构,准确表述政府出资代表的股权投资支出是注册资本的一定比例还是项目资本金的一定比例。

(二)运营补贴支出责任

运营补贴支出责任是指在项目运营期间,政府承担的直接付费责任。

运营补贴支出责任须紧密结合回报机制的安排,政府付费模式下,政府承担全部运营补贴支出责任;可行性缺口补助模式下,政府按照回报机制设计承担相应部分的运营补贴支出。

(三)风险承担支出责任

风险承担支出责任是指项目实施方案中政府承担风险带来的财政或有支出责任。风险承担支出的责任识别应与项目概况中项目风险分配衔接一致,建议将政府方承担的风险事项在此简要归纳,为风险承担支出测算作支撑。

(四)配套投入支出责任

配套投入支出责任是指政府提供的项目配套工程等其他的投入责任,通常包括土地征收和整理、建设部分项目配套措施、完成项目与现有相关基础设施与公用事业的对接、投资补贴、贷款贴息等。配套投入支出应依据项目实施方案合理确定。

一般在项目实践中,较常遇到的是建设期针对建设用地费和工程建安费的配套投入,在此须明确项目在建设期支出的配套投入支出,应是项目总投资范围之内的科目,如政府建设期配套投入支出是项目总投资范围之外的,则不应纳入配套投入支出责任。

同时如果配套投入支出承担的主体不是本级财政,则应对该部分支出责任进行识别,但不应纳入本级财政支出统计。

三、支出测算

(一) 股权投资支出

股权投资支出的计算须结合责任识别的结论,在明确政府出资代表出资资金来源的前提下做出计算。

如果政府出资代表对项目公司出资的资金来源是本级财政拨款,且财政拨款是针对项目资本金全部政府占股部分,则

项目股权投资支出＝项目资本金×政府占项目公司股权比例

股权投资支出金额以本级财政承担的股权投资支出金额为准,如果政府出资代表对项目公司出资的资金来源是该公司(或单位)自有资金,财政不承担股权投资支出责任,则项目股权投资支出为零。

(二) 运营补贴支出

运营补贴支出是四项财政支出中最核心的部分,也往往是项目支出比例最大的部分。

《财政承受能力论证》财金〔2015〕21号中针对政府付费模式与可行性缺口补助模式提供了计算公式。21号文的计算方式可能与回报机制中实际计算公式有所区别,由于21号文公式的计算结果是付费逐年增加方式,可能会造成在付费的前几年低估财政支出金额,建议按照回报机制中实际计算公式进行测算。

如根据项目所在地财政部门要求,财政承受能力论证采用21号文,实际回报机制为其他计算方式,21号文付费公式如下:

(1) 政府付费模式下

$$当年运营补贴支出数额 = \frac{项目全部建设成本 \times (1+合理利润率) \times (1+年度折现率)^n}{财政运营补贴周期(年)}$$

$$+ 年度运营成本 \times (1+合理利润率)$$

(2) 可行性缺口补助模式下

$$当年运营补贴支出数额 = \frac{项目全部建设成本 \times (1+合理利润率) \times (1+年度折现率)^n}{财政运营补贴周期（年）}$$

$+ 年度运营成本 \times (1+合理利润率) - 当年使用者付费数额$

在此应注意：

① 运营补贴支出的表述中应该分别列出纳入财政承受能力论证的各年数额和合计数，以及实际回报机制中的各年数额和合计数。

② 如采用财金〔2015〕21号文的计算方式，关于项目全部建设成本，n，年度运营成本的取值，需要在公式下方进行明确的解释，项目全部建设成本是否以项目总投资或项目建设投资额的审计结果为准，n取值的起始年份，年度运营成本是否含增值税。

③ 如采用财金〔2015〕21号文的计算方式，关于年度折现率与合理利润率的取值中值得关注的是：

a. 年度折现率在财金〔2015〕21号文的表述中，"应参考财政补贴支出发生的年份，并参照同期地方政府债券收益率合理确定"，原则上不适宜表述为参考中长期贷款利率设定年度折现率。在此的年度折现率与各行业折现率并不完全相同，不建议在文中表述为参考行业折现率。

b. 合理利润率在财金〔2015〕21号文的表述中，"应以商业银行中长期贷款利率水平为基准，充分考虑可用性付费、使用量付费、绩效付费的不同情景，结合风险等因素确定"。考虑到PPP项目合作周期至少为10年，可以参考中国人民银行中长期贷款基准利率[①]，并结合风险因素进行上浮。

（三）风险承担支出

根据财金〔2015〕21号文，风险承担支出可采用比例法、情景分析法及概率法测算。

鉴于PPP项目风险事项较为复杂，比例法较为容易测算，目前在PPP咨询领域应用较多的为此法。在风险情景支出可以测算及出现概率可以估计的情况下，可以采用情景分析法和概率法。

比例法可以按照项目全部建设成本和一定时期内的运营成本的一定比例确定风险承担支出。

---

① 注：中长期贷款利率有1~5年（含5年）4.75%，5年以上（4.90%）两个利率，建议明确指出哪个周期的利率。http://www.pbc.gov.cn/zhengcehuobisi/125207/125213/125440/125838/125885/125896/2968998/index.html

比例法的计算中，根据目前实践有如下原则：

① 由于建设期和运营期的风险结构不同，风险承担方式不同，风险承担支出在建设期和运营期不建议合计后平均分摊至每一年。

② 运营成本不应包括财务费用、摊销费用。

③ 风险承担比例可结合项目类型和风险事项进行设定，参考《政府和社会资本合作物有所值评价指引（修订版征求意见稿）》财办金〔2016〕118号，原则上不大于20%，风险比例在不同年份可以不同。

④ 政府自留风险比例应结合风险分配结果，原则上至少不低于政府方在该PPP项目中的出资比例，政府自留比例在不同年份可以不同。

（四）配套投入支出

配套投入支出责任应综合考虑政府将提供的其他配套投入总成本和社会资本方为此支付的费用。配套投入支出责任中的土地等实物投入或无形资产投入，应依法进行评估，合理确定价值。计算公式为：

配套投入支出数额＝政府拟提供的其他投入总成本－项目公司（社会资本）支付的费用。[①]

在分项列明四项财政支出后，应该对该项目全部支出进行合计并列出支出汇总表格。

四、能力评估

能力评估指财政部门（或PPP中心）识别和测算单个项目的财政支出责任后，汇总年度全部已实施和拟实施的PPP项目，进行财政承受能力评估。财政承受能力评估包括财政支出能力评估以及行业和领域平衡性评估两部分。

（一）财政承受能力评估

财政承受能力评估是根据PPP项目预算支出责任，评估PPP项目实施对当前及今后年度财政支出的影响。

---

① 财金〔2015〕21号文第二十二条对该公式的表述为：

配套投入支出数额＝政府拟提供的其他投入总成本－社会资本支付的费用

在PPP实践中，组建项目公司后，以项目公司进行实际投资的情景较为普遍而非以社会资本为主体进行投资。

根据财金〔2015〕21号文第二十五条,"每一年度全部PPP项目需要从预算中安排的支出责任占一般公共预算支出应当不超过10%"。根据财金〔2016〕90号文,"对于政府性基金预算,可在符合政策方向和相关规定的前提下,统筹用于支持PPP项目"。根据财办金〔2017〕92号文,该区域PPP项目支出占比达到10%以后,则不应再继续采用PPP项目安排项目支出。

1. 财政承受能力评估步骤

财政承受能力评估涉及4个步骤:

① 明确财政对本项目支出的付费来源是否有政府性基金预算承担的部分,将财政对本项目支出与一般公共预算以及政府性基金预算承担的金额进行区分。

② 基于过往5年一般公共预算支出数据对项目合作周期各年的一般公共预算支出进行预测。

③ 将每年度纳入一般公共预算支出的项目合计支出占一般公共预算支出的比例进行计算。

④ 统计该区域已通过财政承受能力论证的项目支出与本项目支出的合计,将合计支出占一般公共预算支出比例进行计算,判断是否在项目合作周期内没有任何一年超过10%。

2. 一般公共预算支出值得关注的有以下5个部分

(1) 过往5年一般公共预算支出

基于过往5年一般公共预算支出数据,须结合项目所在区域本级的一般公共预算支出数据,如项目属于地级市或省级PPP项目,不应以全市或全省的一般公共预算支出数据代替市本级或省本级的一般公共预算支出数据。

一般公共预算支出数据可由客户提供,也可自行查阅公开信息,一般公共预算支出的数据应选用经转移支付后的决算数作为计算基数。如客户提供的数据并非经转移支付后的决算数,应提出合理化建议。

(2) 一般公共预算支出数据的增长率估算

考虑到不同年份一般公共预算支出数据的增长率之间属于乘积关系,建议平均增长率选取增长率的几何平均数,而非算术平均数。

(3) 多区域财政分担

如果项目财政支出责任由两个甚至更多级财政分别承担,则需要明确就财政支出设计分担方式,分别针对各个承担该项目支出的财政进行预测。

(4) 统筹本区域PPP项目合计

项目支出统计,应按照本区域PPP项目财政承受能力论证的顺序进行汇总。统计以前论证过的项目不可简单将占比进行合计计算,应切实统计具体支出数据重新进行核实统计。

3. 政府性基金预算支出的论证

财政承受能力论证中政府性基金预算支出的论证目前尚无成熟统一的论证方式。

有两个模式可供选择：

① 参考一般公共预算支出的论证方式，以所在区域的政府性基金预算支出为基数，项目合计支出占政府性基金预算支出预测值的比例不超过 10%。

② 论证以一定区域范围内政府性基金预算支出收入覆盖该项目的政府性基金预算支出，这个区域范围须不再承担其他支出责任。

在政府性基金预算支出论证过程中，可以表述为某一区域的政府性基金预算收入作为付费来源，承担该项目纳入政府性基金预算的支出责任，但不应出现该项目纳入政府性基金预算的支出金额直接与土地出让收入挂钩。

（二）行业和领域均衡性评估

行业和领域均衡性评估，是根据 PPP 模式适用的行业和领域范围，以及经济社会发展需要和公众对公共服务的需求，平衡不同行业和领域 PPP 项目，防止某一行业和领域 PPP 项目过于集中。

应通过对项目所属领域的研究，阐述本项目对该领域在项目所在地区的重要性和必要性。

（三）论证结论

如满足财政承受能力评估以及行业和领域均衡性评估，则应该得出"论证通过"的结论。

第五章 财务测算

一、财务测算的目的

财务测算是在国家现行会计准则、会计制度、税收法规和价格体系下,通过财务效益与费用的预测,编制财务报表,计算评价指标,进行财务盈利能力分析、偿债能力分析和财务生存能力分析,据以评价项目的财务可行性。

在 PPP 实施方案中,通过财务测算将项目成本、收入、税负、现金流、回报率、回收期等指标进行量化,为采购具有竞争力的社会资本设定有关指标上限、资格条件以及触发核心条件的调整机制等,使政府和社会资本等主要参与方能够更直观地找到项目风险点和核心利益诉求点,便于双方进行明确谈判底线和利益保护边界,提高双方合作效率。

二、财务测算原则要求

财务测算原则要求如下:

① 客观性:财务测算参数选择应具有客观依据,能够真实反映客观实际。

② 科学性:财务测算的计算必须遵循我国会计准则、会计制度、税收法规等相关准则、原则。目前国内进行投资项目财务评价的权威性指导文件为国家发改委和住建部 2006 年发布的《建设项目经济评价方法与参数》(第 3 版),本书的财务测算工作也基于这第 3 版的方法。

③ 公正性:财务测算保证测算口径一致,应尽量反映各方真实情况,为决策提供准确数据。

三、财务测算基本流程

财务测算基本流程如图 5-1 所示。

① 收集项目基础数据,以新建项目为例,项目基础数据包括建设投资、

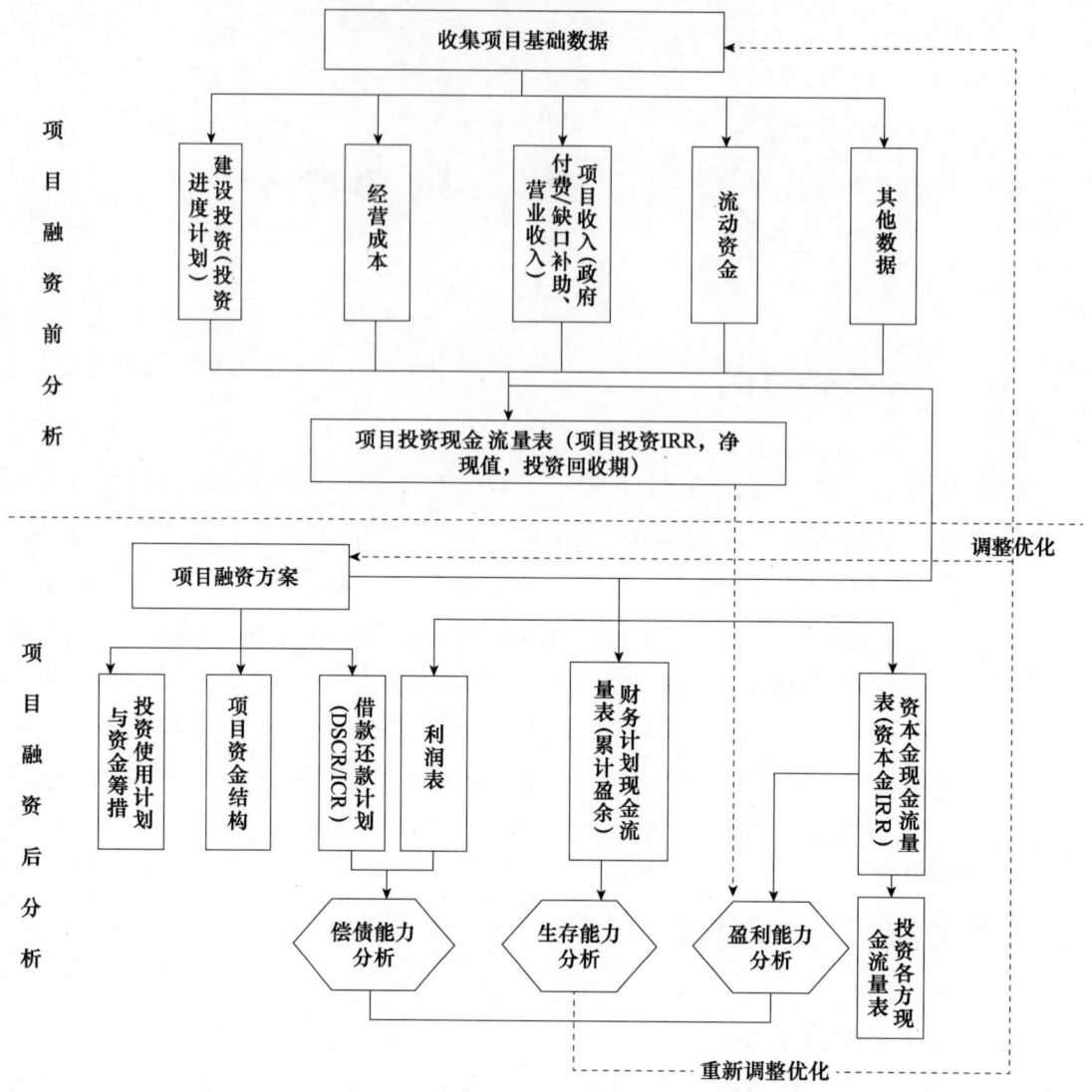

图 5-1 财务测算基本流程图

流动资金(指运营期内长期占用并周转使用的营运资金,不包括运营中需要的临时性营运资金)、经营成本、营业收入、项目投资进度计划等内容。

② 在已收集的基础数据基础上,对项目进行融资前分析,融资前分析即以项目收入(包含政府付费或可行性缺口补助、经营性收入)、建设投资、经营成本和流动资金的估算为基础,编制项目投资现金流量表,计算整个项目合作期内现金流入和流出,利用资金时间价值的原理进行折现,计算项目投资内部收益率和净现值等指标。融资前分析主要是为排除融资方案变化的影响,从项目投资总获利能力的角度考察项目方案设计的合理性。

③ 在融资前分析结论满足要求的情况下,初步设定项目融资方案(融资额度、融资利率、还款方式、还款期限等),对项目进行融资后分析。融资后

分析是在既定融资方案的基础上,对项目盈利能力、偿债能力和财务生存能力进行分析,以此判断项目的可行性。

四、财务测算步骤及应注意的问题

(一)项目融资前分析

(1)收集项目基础数据

基础数据的收集一般来自两个途径:

① 根据已批准的项目可行性研究报告,收集项目的建设内容、建设规模、项目总投资、经营成本、项目营业收入、投资进度计划等基础数据。

② 关于项目建议书、可行性研究报告、资产评估报告及政府方批复文件中的数据选取,一般项目投资相关数据以立项批文或初步设计批复文件为准。关于前期文件中经营成本和营业收入等数据的使用,建议结合下面原则审慎使用:

a. 考查立项批复的可研报告中的运营内容是否与 PPP 模式安排的运营内容不一致,如果运营内容不一致,则不能直接使用。

b. 在运营内容一致的情况下,需与立项建设单位及项目其他相关部门确认其数据可靠性,如因批复时间与 PPP 识别准备阶段时间间隔过长或其他原因导致经营成本和营业收入等数据发生较大偏差,则建议根据实际调研情况调整可研报告相关信息;如果已经批复且审批部门难以再出具补充批复文件,则应与项目相关单位一起做好基础数据调研,选用实际调研数据。

c. 选用可研报告数据时,应列清全部计算过程,提高实施方案的可读性。

③ 前期调研政府给出的相关数据(政府出资意愿及额度、存量资产评估报告等)。

对于收集完的基础数据,形成项目总投资估算表(表 5-1)、运营成本表(表 5-2)、项目收入及税金表(表 5-3)等辅助表格。

表 5-1 项目总投资估算表

序号	工程及费用名称	建筑工程费	设备购置费	安装工程费	其他费用	合计	备注
一	工程费						数据取自可研
1	建筑工程费						

续表

序号	工程及费用名称	建筑工程费	设备购置费	安装工程费	其他费用	合计	备注
2	设备及工器具购置费						
3	安装工程费						
4	⋮						
二	建设工程其他费用						数据取自可研
1	征地费						
2	农作物补偿费						
3	拆迁补偿费						
4	建设单位管理费						
5	工程监理费						
6	施工图审查费						
7	工程勘察成果报告审查						
8	工程招标代理费						
9	服务招标代理费						
10	可行性研究费						
11	勘察费						
12	工程基本设计费						
13	施工图预算编制费						
14	竣工图编制费						
15	工程量清单编制费						
16	招标控制价编制费						
15	环境影响评价费						
16	规划设计费						
17	节能评估费						
18	安全评价费						
19	城市基础设施配套费						
20	劳动安全卫生评价费						
21	场地准备及临时设施费						
22	工程保险费						
三	预备费						数据取自可研
四	建设投资（一＋二＋三）						
五	建设期贷款利息						融资方案确定后可作相应调整，在方案中对调整应加以说明
六	铺底流动资金						数据取自可研
七	工程总投资（四＋五＋六）						

表 5-2 运营成本表

序号	年份	合计	1	2	3	……	备注
1	外购原材料						数据取自可研
2	外购然动力						数据取自可研
3	人工工资及福利						数据取自可研
4	修理维护费						数据取自可研
5	其他费用						数据取自可研
6	⋮						
n	运营成本合计（1+2+3+4+5+6）						

表 5-3 项目收入及税金表

序号	年份	合计	1	2	3	……	备注
一	营业收入（含税）						数据取自可研
二	营业收入（不含税）						
1	……						
2	……						
三	政府付费/可行性缺口补助（含税）						根据实施方案中回报机制中公式计算得出
四	政府付费/可行性缺口补助（不含税）						
五	项目收入合计（含税）（一+三）						
六	项目收入合计（不含税）（二+四）						
七	增值税						
	运营进项税						
	建设进项税						
	销项税						
	抵扣额						
	待抵扣税额						
八	城建税						
九	教育费附加						
十	地方教育费附加						
十一	其他税金						

（2）计算项目投资现金流量表

项目投资现金流量表如表 5-4 所示。

表 5-4 项目投资现金流量表

序号	项目	合计	1	2	3	……	备注
1	现金流入						
1.1	营业收入（不含税）						

续表

序号	项目	合计	1	2	3	……	备注
1.2	政府可行性缺口补助（不含税）						
1.3	销项税						
1.4	回收固定资产余值						
1.5	回收流动资金						
2	现金流出						
2.1	建设投资（不含建设期利息）						
2.2	流动资金						
2.3	经营成本						
2.4	进项税						
2.5	应交增值税						
2.6	城建税						
2.7	教育税及附加						
2.8	其他税金						
2.9	维持运营投资						
3	所得税前净现金流（1-2）						
	所得税前净现金流量折现						
4	累计所得税前净现金流量						
	累计所得税前净现金流量折现值						
5	调整所得税						
6	所得税后净现金流（3-5）						
	所得税后净现金流折现值						
7	累计所得税后净现金流						
	累计所得税后净现金流折现值						
计算指标：		所得税前	所得税后				
项目投资财务内部收益率							
项目投资财务净现值（万元）							
动态回收期							

① 计算项目现金流入：项目现金流入主要包括政府付费/可行性缺口补助、营业收入，数据主要来自辅助表格-营业收入及税金。项目收入应为不含增值税收入。对于污水处理等特定项目具有增值税返还收入，该项返还收入也应作为项目的现金流入。如果项目有流动资金，注意在计算期最后一年现金流入还应包括流动资金的回收，根据具体项目的情况来定。

② 计算项目现金流出：项目现金流出主要包括建设投资、流动资金、运营成本、相关税费等。由于是融资前分析，应注意现金流出分项下的建设投资应不包括建设期利息。

③ 调整所得税：由于是融资前分析，该所得税应与融资方案无关，其数值应区别于其他财务报表中的所得税。该所得税应根据不受利息因素影响的息税前利润（EBIT）乘以所得税税率计算，称为调整所得税，也可称为融资前所得税。

④ 调整所得税与所得税的区别：调整所得税和所得税的计算基数不同，计算阶段也不同。调整所得税的计算基数为息税前利润（EBIT），所得税计算基数为应纳税所得额，调整所得税用于融资前分析，所得税用于融资后分析。

⑤ 根据项目所得税前和所得税后净现金流分别计算出税前和税后项目投资内部收益率、项目投资财务净现值和投资回收期等财务指标。

（3）融资前计算结果分析与调整

根据项目投资现金流量表计算出的税前和税后项目投资内部收益率、项目投资财务净现值和投资回收期等财务指标来分析项目的可行性。在项目既定的收入和成本费用的条件下，项目投资内部收益率能够达到行业平均或更高水平，对社会资本具有吸引力则项目可行，可进一步考虑项目融资方案，做融资后分析，如果项目经济性较差，则应重新设计方案，调整项目数据指标。

（二）项目融资后分析

融资后分析是指以设定的融资方案为基础进行的财务分析，融资后分析以融资前分析和初步的融资方案为基础，考察项目在拟定融资条件下的盈利能力、偿债能力和财务生存能力等内容，判断项目是否与投资者预期相符合，从而判断对权益投资人的吸引力大小。

（1）确定融资方案，编制投资使用与资金筹措计划表

① 项目总投资包括建设投资（包含工程费用、工程建设其他费、预备费）、建设期利息和流动资金。首先需要确定项目总投资所需要的全部资金的来源途径，常见的资金来源途径主要有：自有资金出资、借款、发行债券、政府补助等方式。

② 根据项目投资进度计划，拟定项目不同资金来源途径额度分别是多少，以及资金的主要用途（用于建设投资、建设期利息还是流动资金）。

③ 根据融资额度和贷款利率计算建设期利息，在建设期，项目总投资所需要的资金应该通过各种方式筹集到位，在时间和数量上保证项目资金的来源和使用实现平衡。

④ 根据资金的来源及分年度投入用途编制投资使用与资金筹措计划表（表5-5）。

表 5-5　投资使用与资金筹措计划表

序号	项目	合计	1	2
1	总投资			
1.1	建设投资			
1.2	建设期利息			
1.3	流动资金			
2	资金筹措			
2.1	自有资金出资			
	其中：用于建设期投资			
	用于建设期利息			
	用于流动资金			
2.2	借款			
2.2.1	长期借款			
	其中：用于建设期投资			
	用于建设期利息			
2.2.2	流动资金借款			
2.2.3	短期借款			
2.3	发行债券			
2.4	政府补助			
2.5	其他资金			

（2）编制投融资结构表

根据投资使用与资金筹措计划表资金不同的其他来源途径和额度，编制项目投融资结构表（表5-6）。

表 5-6　项目投融资结构表

序号	项目	金额（万元）	比例
1	投资总额		
2	资本金		
2.1	社会资本方		
2.2	政府出资		
3	借款		
3.1	银行1		
3.2	银行2		

① 根据投资使用与资金筹措计划表，确定项目投资总额、资本金以及借

款额度,并计算出资本金占总投资的比例。应注意此处总投资包含建设期利息,如果不包含建设期利息,则容易造成资本金比例小于最低比例要求。根据前期调研政府的出资意愿,确定政府出资比例。

② 如果计算出的资本金比例与客户要求的资金比例有出入,则应对投资使用与资金筹措计划表里的借款额度进行调整,以保证项目资本金比例达到客户要求。

(3) 编制借款还款计划表(表5-7)

表 5-7 借款还款计划表

序号	项目名称	1	2	3	……	备注
1	长期借款					
	贷款年利率					
1.1	年初借款余额					
1.2	当年新增借款(计划)					
1.3	当年应计利息					
1.4	当年还本付息					
1.4.1	其中:还本					
	提前还本					
1.4.2	应付利息					
1.5	年末借款余额					
2	利息备付率					利润表息税前利润与应付利息的比值
3	偿债备付率					利润表息税折旧摊销前利润减去所得税之后与还本付息的比值

① 根据投资使用与资金筹措计划表中的贷款利率、贷款额度和拟订的还款方式和还款期限编制借款还款计划表。

② 在实际操作中,目前商业银行贷款年限最长一般在20年左右,在设计借款还款计划时,建议尽量按照20年以下来设计借款还款计划。如果项目运营期在20年之上,还款时间长于20年,而项目收入(包含营业收入和政府可行性缺口补助/政府付费)不能与还款计划相匹配,则会导致项目前期还款压力大,可能存在资金缺口,融资困难较大,建议政府方和潜在社会资本对此项风险充分考虑。

③ 表中只列出了一笔贷款的借款还款计划,如果有多笔贷款可以按照多笔贷款列支计算。

④ 借款还款计划表中的利息备付率和偿债备付率主要用途是评估项目公司的偿债能力,这两个指标的计算需要利润表计算完毕后,根据息税前利润和息税折旧摊销前利润以及所得税来确定。

(4) 编制总成本费用表（表 5-8）

表 5-8 总成本费用表

序号	项目	1	2	3	……	备注
1	运营成本					数据取自表 5-2 运营成本表
2	财务费用					数据取自表 5-7 借款还款计划表
3	折旧摊销					
4	总成本费用（1+2+3）					

① 编制总成本费用表：总成本费用表包括经营成本、折旧摊销和财务费用。运营成本数据主要取自表 5-2 的运营成本表，财务费用主要取自借款还款计划表中的应付利息（不包含建设期利息）。

② 总成本费用表中的折旧摊销，根据《企业会计准则解释第 2 号》（财会〔2008〕11 号）第五条："在 BOT 业务所建造基础设施不应作为项目公司的固定资产，应确认为无形资产或金融资产，特许经营权在合同规定的时间内能够给企业带来收益，但是当合同终止时，所建的基础设施就会无偿交给让渡方，所以其价值应当分期摊销。如果基础设施预计的使用寿命长于特许经营权的年限，应当按照特许经营权的年限进行摊销"。在财务测算中，项目公司新建形成的资产按照无形资产进行摊销，摊销额按照总投资（不包含流动资金和建设期增值税）进行摊销，在运营期内全部摊销完毕，不留残值。

(5) 编制利润表（表 5-9）

表 5-9 利润表

序号	项目名称	合计	1	2	3	……	备注
1	营业收入（不含税）						数据来自表 5-3 项目收入及税金表
2	可行性缺口补助（不含税）						数据来自表 5-3 项目收入及税金表
3	其他收入						
4	城建税						数据来自表 5-3 项目收入及税金表
5	教育税及附加（含地方）						数据来自表 5-3 项目收入及税金表
6	其他税金						根据地方具体情况是否收取
7	总成本费用						数据取自表 5-8 总成本费用表
8	利润总额（1+2+3-4-5-6-7）						
9	弥补以前年度亏损						
10	应纳所得税额（8-9）						
11	所得税						
12	净利润（8-11）						
13	期初未分配利润						

续表

序号	项目名称	合计	1	2	3	……	备注
14	可供分配利润（12+13）						
15	提取法定盈余公积金						
16	可供投资者分配利润（14-15）						
17	未分配利润						
18	息税前利润（利润总额+利息支出）						
19	息税折旧摊销前利润（利润总额+利息支出+折旧+摊销）						

① 编制利润表时，收入均为不含税（增值税）收入，运营成本也为不含税成本。

② 关于税金，表格中只列了流转税的附加税，如果有其他相应的税种需要交税则应按照实际情况计取。

③ 表格中的第 13 项至 17 项，可选做，由于目前 PPP 项目中对于项目公司的收益进行分配情况不明确，故目前测算中按照不分配收益进行测算，如果客户有进一步要求，这一部分内容可根据具体情况有选择性的进行测算。

（6）编制财务计划现金流量表（表 5-10）

表 5-10　财务计划现金流量表

序号	项目名称	合计	1	2	……	备注
1	经营活动净现金流量					
1.1	现金流入					
1.1.1	营业收入（不含税）					
1.1.2	可行性缺口补助（不含税）					
1.1.3	销项税					
1.1.4	其他流入					
1.2	现金流出					
1.2.1	经营成本					
1.2.2	进项税					
1.2.3	应交增值税					
1.2.4	城建税					
1.2.5	教育税附加					
1.2.6	地方教育附加					
1.2.7	所得税					
2	投资活动净现金流					
2.1	现金流入					

续表

序号	项目名称	合计	1	2	……	备注
2.2	现金流出					
2.2.1	建设投资					
2.2.2	维持运营投资					
2.2.3	流动资金					
2.2.4	其他资金流出					
3	筹资活动净现金流量					
3.1	现金流入					
3.1.1	资本金投入					
3.1.2	建设投资借款					
3.1.3	流动资金借款					
3.1.4	债券					
3.1.5	政府补助					
3.2	现金流出					
3.2.1	各种利息支出					
3.2.2	偿还债务本金					
3.2.3	应付利润（股利分配）					
3.2.4	其他流出					
4	净现金流（1+2+3）					
5	累计盈余资金					

① 财务计划现金流量表主要对项目的生存能力进行分析，分经营活动、投资活动和筹资活动三种企业行为来分析现金流的流入和流出。

② 增值税不影响项目损益，但是作为项目实际发生的现金流应在财务计划现金流量表中列示。

③ 根据三种企业行为的现金流计算净现金流出，将每年的净现金流出累计，计算累计盈余资金。

④ 建设期每年的累计盈余资金应该为0，说明企业建设期间的筹资和投资资金是平衡的，如果建设期累计盈余资金小于0，说明企业建设期间资金安排不足，资金存在缺口；如果建设期间累计盈余资金大于0，说明企业筹集资金过多，造成资金浪费。如果出现建设期累计盈余资金不为0，应重新对项目资金进行梳理安排，调整投资使用与资金筹措计划表。

⑤ 累计盈余资金是判断项目生存能力的重要指标，在运营期，某年净现金流可以出现负数，但是当年的累计盈余资金不能出现负数。累计盈余资金出现负数，说明当年项目公司资金存在缺口，需要通过短期融资等其他途径

来解决，如果资金缺口较大，项目公司不能及时解决，则项目生存能力就会出现问题。当累计盈余资金数额较大时，可考虑股东分红。在做财务测算时，应对每年政府付费/可行性缺口补助金额合理进行安排，尽量避免出现该种情况。

（7）编制资本金现金流量表（表 5-11）

表 5-11 资本金现金流量表

序号	项目	合计	1	2	3	……	备注
1	现金流入						
1.1	营业收入（不含税）						数据来自表 5-3 项目收入及税金表
1.2	可行性缺口补助（不含税）						数据来自表 5-3 项目收入及税金表
1.3	销项税						
1.4	回收固定资产残值						
1.5	回收流动资金						
2	现金流出						
2.1	用于建设投资的资本金						数据取自表 5-5 投资使用与资金筹措计划表
2.2	用于建设期利息的资本金						
2.3	用于流动资金的资本金						数据取自表 5-5 投资使用与资金筹措计划表
2.4	经营成本						数据取自表 5-2 运营成本表
2.5	进项税						
2.6	应交增值税						
2.7	城建税						数据来自表 5-3 项目收入及税金表
2.8	教育税及附加						数据来自表 5-3 项目收入及税金表
2.9	其他税金						数据来自表 5-3 项目收入及税金表
2.10	借款还本付息						数据取自表 5-7 借款还款计划表
2.10.1	其中：还本						数据取自表 5-7 借款还款计划表
2.10.2	付息						数据取自表 5-7 借款还款计划表
2.11	所得税						数据取自表 5-9 利润表
2.12	维持运营投资						数据取自表 5-4 项目投资现金流量表
3	净现金流量（1-2）						
4	现值						
5	累计现值						
资本金财务内部收益率							

① 根据表格中的现金流入和流出计算项目净现金流量，根据净现金流计算资本金财务内部收益率。

② 编制资本金现金流量表主要是站在项目公司股东（全部投资人）的角度上来衡量投资项目的经济性，为社会资本投资项目提供参考。

(8) 编制投资各方现金流量表 (表 5-12)

表 5-12 投资各方现金流量表

序号	项目	合计	1	2	3	……	备注
1	现金流入						
1.1	实分利润						
1.2	资产处置分配收益						
1.3	技术转让或使用收入						
1.4	其他收入						
2	现金流出						
2.1	实缴资本						
2.2	其他现金流出						
3	净现金流量 (1-2)						

当投资各方不按股权比例进行分红时，有必要针对各个投资方进行投资各方现金流量分析。在目前 PPP 项目财务测算分析中，由于针对项目公司的利润分配还不明朗，故投资各方项目现金流量表可根据项目实际情况进行选做。随着 PPP 项目的深入发展，特别是为社会资本提供服务时，投资各方现金流分析将会越来越引起重视，感兴趣的可自行研究，方案里财务分析对此不做硬性要求。

(9) 编制资产负债表 (表 5-13)

表 5-13 资产负债表

序号	项目	数据来源
1	资产	
1.1	流动资产	
1.1.1	货币资金	流动资金估算表中的现金、财务计划现金流量表中的累计盈余资金
1.1.2	应收账款	
1.1.3	预付账款	
1.1.4	存货	
1.1.5	其他流动资产	
1.2	在建工程	
1.3	固定资产净值	固定资产折旧估算表中的净值
1.4	无形及其他资产净值	无形资产摊销估算表中的净值
2	负债及所有者权益	

续表

序号	项目	数据来源
2.1	流动负债	
2.1.1	短期借款	财务计划现金流量表中的短期借款
2.1.2	应付账款	
2.1.3	预收账款	
2.1.4	其他流动负债	
2.2	建设投资借款	财务计划现金流量表中的建设投资借款
2.3	流动资金借款	财务计划现金流量表中的流动资金借款
2.4	负债小计（2.1+2.2+2.3）	
2.5	所有者权益	
2.5.1	资本金	财务计划现金流量表中的资本金投入
2.5.2	资本公积	
2.5.3	累计盈余公积金	利润与利润分配表中的提取法定盈余公积和任意盈余公积
2.5.4	累计未分未分配利润	利润与利润分配表中的未分配利润

① 货币资金包括累计盈余资金和现金。建设期，项目建设投资和建设期利息形成的资产，在建设期计入在建工程，在建设期完成之后，转入固定资产或无形资产。投资各方投入的资本金计入所有者权益中的 2.5.1 资本金，投资者超出资本金之外额外出资计入 2.5.2 资本公积。

② 资产负债表主要反映某一时点项目公司的资产、负债和所有者权益情况。每年的资产总额应等于当年的所有者权益和负债之和，如果不平，说明资产负债表的编制存在问题，应进行检查调整。

(10) 融资后计算结果分析与调整

① 偿债能力分析：评价项目偿债能力的指标主要是偿债备付率（DSCR）和利息备付率（ICR）。偿债备付率表示企业可用于还本付息的资金偿还借款本息的保证倍率，偿债备付率正常情况应当大于1，且越高越好，当指标小于1时，表示当年资金来源不足以偿付当期债务，社会资本需要考虑通过短期借款偿付已到期债务。同理，对于正常经营的项目，利息备付率应当大于1，否则，表示项目的付息能力保障程度不足。尤其是当利息备付率低于1时，表示项目没有足够资金支付利息，偿债风险很大。

② 项目生存能力分析：反映项目生存能力的主要指标是累计盈余资金。各年累计盈余资金不出现负值是财务上可持续的必要条件，如果某年累计盈余资金出现负值，说明项目资金存在缺口，社会资本需要通过短期融资来弥补资

金缺口，如果资金缺口过大，社会资本弥补能力不足，则可能出现项目资金链断裂，项目公司生存能力不足。

③ 项目盈利能力分析：反映项目盈利能力的指标主要是项目内部收益率，资本金内部收益率，财务净现值等。项目是否对社会资本具有吸引力，要看资本金财务内部收益率是否高于股东能接受的最低收益率，同时还要结合融资利率、权益性资金回报要求综合分析。对于具备施工能力的社会资本，还要综合考虑其施工利润等因素。

④ 对于偿债能力不佳、生存能力不足或对社会资本吸引力不强的方案，应调整相应的前提条件。融资后分析是一个循环优化的过程，经过不断优化寻找最佳方案。

⑤ 财务测算主要是对既定条件下项目的财务状况进行模拟，通过财务测算，明确有关投资、融资、项目收益、政府支出责任、社会资本投资回报等问题。但财务测算也有其自身局限性，许多条件都是建立在合理财务假设的前提条件下，对于项目测算中反映出的各类风险问题还需要结合 PPP 项目合同条款来进一步约定。

五、财务测算案例

为了更直观地演示财务测算过程，本节以具体的项目为例进行财务测算，供读者参考。案例中有一些个性化的做法，以及一些参数设置不一定与实际操作中相符，重在展示计算过程以及可能出现的问题，请读者在实际操作中针对具体情况给予灵活处理。

（一）项目融资前分析

1. 项目基础数据收集

为解决职工住房和办公场所紧缺问题，某县拟采用 BOT 的模式建设周转房，本项目静态投资（不含建设期利息）22000 万元，拟分两年平均投入，运营期 10 年，项目运营期满后移交给实施机构。从可研报告上，我们可收集以下基本数据信息：

① 项目总投资估算表：由表 5-14 可知，项目工程费用 19252.9 万元，工程建设其他费 1699.5 万元，基本预备费 1047.62 万元，建设投资为 22000 万元，建设期利息，可研并未给出。在实际操作中，无论建设期利息可研是否给

出,均需要根据项目投资进度和资金结构对建设期利息进行调整,根据调整后的建设期利息确定项目总投资额。

表 5-14 项目总投资估算表

序号	项目名称	估算金额(万元)		
		建安工程费	其他费用	合计
一	工程费用	19252.9		19252.9
1	建筑主体工程	17502.6		17502.6
1.1	土建工程	8924.85		249.72
1.2	装饰工程	4462.43		361.28
1.3	安装工程	4115.35		99.89
1.3.1	给排水工程	1140.4		22.47
1.3.2	消防工程	1487.48		32.46
1.3.3	强弱电工程	1487.48		24.97
2	总平区域工程	1750.26		
二	工程其他费		1699.5	1699.5
1	建设单位管理费		187.02	187.02
2	工程监理费		464.89	464.89
3	建设项目前期工作咨询费		53.91	53.91
4	勘察、设计费		577.59	577.59
5	编制及评估环境影响报告表费		12.9	12.9
6	场地准备费及临时设施费		240.66	240.66
7	施工图审查费		6.58	6.58
9	工程量清单及招标控制价编制费		38.51	38.51
10	审核工程预算(招标控制价或标底)		50.06	50.06
11	审核竣工结算		67.39	67.39
三	预备费		1047.62	1047.62
1	基本预备费		1047.62	1047.62
	建设投资		22000	22000
四	建设期利息			
五	项目总投资			

② 运营成本:运营成本主要包括水电费、维修费,以及相关人工工资费用等,根据运营成本的组成估算进项税,同时列出运营成本不含税金额,见表 5-15。

③ 经营收入:表 5-16 为项目经营收入,由表中可知本项目在 10 年运营期内,共计可获取营业收入(含税)12907.06 万元,而项目建设投资 22000 万元,由此可知,仅仅依靠项目营业收入无法在合作期内完全覆盖项目投资并使

投资人获取合理投资回报,因此,此项目应设计为可行性缺口补助的回报机制,政府对于缺口的部分给予付费。

④ 政府可行性缺口补助金额的计算如表 5-17 所示。在实操中,项目回报机制的设计比较常见的主要有:按照财金〔2015〕21 号文公式设计、按照等额本息方式设计、按照股债分离方式设计,这三种回报机制的具体计算公式详见物有所值定量分析 PPP 值计算章节的运营补贴支出责任部分。本案例中按照等额本息的模式计算政府可行性缺口补助金额,具体计算公式如下:

$$当年可行缺口补助金额 = \frac{项目建设成本 \times 投资回报率 \times (1+投资回报率)^n}{(1+投资回报率)^n - 1}$$
$$+ 年度运营成本 \times (1+合理利润率) - 当年使用者付费数额$$

其中:投资回报率取 7%;

合理利润率取 7%;

项目建设成本:项目总投资(可根据实际操作中的需要进行灵活调整);

当年使用者付费数额为表 5-16 中的当年营业收入金额。

⑤ 相关税费:根据项目的业务类型来确定对应的税目和税率,本案例的相关税费详见表 5-18。增值税根据税目的不同,税率也不同,项目建设期间,项目公司由于支付工程款而产生的进项税按照建筑行业增值税税率 11% 来计取,在以后年度进行抵扣。进入运营期,项目公司的住宅(宿舍)出租、商业出租、停车费收入按照不动产租赁服务增值税税率 11% 计取,物业服务费、广告费以及政府可行性缺口补助均按照 6% 计取。城市维护建设税根据纳税人所在地不同税率也不同,纳税人所在地为城市市区的,税率为 7%;纳税人所在地为县城、建制镇的,税率为 5%;纳税人所在地不在城市市区、县城或建制镇的,税率为 1%。本案例中城市维护建设税税率取 5%,教育税附加(含地方)取 5%。

至此,项目投资估算数据、运营成本等基础数据已完成收集,在收集过程中,对一些相关数据进行了简单处理,接下来进行项目融资前分析。

2. 项目投资现金流量表

计算项目投资现金流量表:该表的具体计算过程见表 5-19。

3. 融资前计算结果分析与调整

由表 5-19 可知,按照目前既定的条件,项目投资内部收益率税前为 7.1%,税后内部收益率 5.63%,项目收益率处于中等稍偏下水平,可考虑展开融资后分析,根据融资后相关指标以及项目实际情况决定是否需要调整。

表 5-15 运营成本表（单位：万元）

序号	时期 年份 生产负荷	合计	项目运营期									
			3	4	5	6	7	8	9	10	11	12
			70%	80%	90%	100%	100%	100%	100%	100%	100%	100%
1	水电费（万元）	750	75	75	75	75	75	75	75	75	75	75
2	维修费（万元）	1200	120	120	120	120	120	120	120	120	120	120
3	工资及福利费（万元）	5745.6	574.56	574.56	574.56	574.56	574.56	574.56	574.56	574.56	574.56	574.56
3.1	安保人员工资（万元）	1080	108	108	108	108	108	108	108	108	108	108
	人数（个）		30	30	30	30	30	30	30	30	30	30
	人均工资（万元/年）		3.6	3.6	3.6	3.6	3.6	3.6	3.6	3.6	3.6	3.6
3.2	保洁人员工资（万元）	1080	108	108	108	108	108	108	108	108	108	108
	人数（个）		30	30	30	30	30	30	30	30	30	30
	人均工资（万元/年）		3.6	3.6	3.6	3.6	3.6	3.6	3.6	3.6	3.6	3.6
3.3	绿化人员工资（万元）	960	96	96	96	96	96	96	96	96	96	96
	人数（个）		20	20	20	20	20	20	20	20	20	20
	人均工资（万元/年）		4.8	4.8	4.8	4.8	4.8	4.8	4.8	4.8	4.8	4.8
3.4	维修人员工资（万元）	720	72	72	72	72	72	72	72	72	72	72
	人数（个）		15	15	15	15	15	15	15	15	15	15
	人均工资（万元/年）		4.8	4.8	4.8	4.8	4.8	4.8	4.8	4.8	4.8	4.8
3.5	客服人员工资（万元）	1200	120	120	120	120	120	120	120	120	120	120
	人数（个）		20	20	20	20	20	20	20	20	20	20
	人均工资（万元/年）		6	6	6	6	6	6	6	6	6	6
3.6	福利费	705.6	70.56	70.56	70.56	70.56	70.56	70.56	70.56	70.56	70.56	70.56
4	其他费用	0										
5	运营成本合计	7695.6	769.56	769.56	769.56	769.56	769.56	769.56	769.56	769.56	769.56	769.56
6	进项税		36.54	36.54	36.54	36.54	36.54	36.54	36.54	36.54	36.54	36.54
7	运营成本（不含税）		733.02	733.02	733.02	733.02	733.02	733.02	733.02	733.02	733.02	733.02

表 5-16 营业收入表

序号	时期	合计	项目运营期										
	年份		3	4	5	6	7	8	9	10	11	12	
1	住宅出租率		70%	80%	90%	100%	100%	100%	100%	100%	100%	100%	
	住宅出租收入	2811.21	209.35	239.25	269.16	299.06	299.06	299.06	299.06	299.06	299.06	299.06	
2	住宅物业费	468.53	34.89	39.88	44.86	49.84	49.84	49.84	49.84	49.84	49.84	49.84	
3	商业出租率		80%	80%	80%	80%	80%	80%	80%	80%	80%	80%	
	商业出租收入	7723.88	772.39	772.39	772.39	772.39	772.39	772.39	772.39	772.39	772.39	772.39	
4	商业物业费	463.43	46.34	46.34	46.34	46.34	46.34	46.34	46.34	46.34	46.34	46.34	
5	商业广告费	900	90	90	90	90	90	90	90	90	90	90	
6	停车费	540	54	54	54	54	54	54	54	54	54	54	
7	租金收入合计（含税）	12907.06	1206.97	1241.86	1276.75	1311.64	1311.64	1311.64	1311.64	1311.64	1311.64	1311.64	
8	租金收入（不含税）	11705.83	1094.64	1126.28	1157.93	1189.57	1189.57	1189.57	1189.57	1189.57	1189.57	1189.57	

表 5-17 政府缺口补助金额计算表

序号	项目名称	合计	3	4	5	6	7	8	9	10	11	12
一	可用性付费											
1.1	投资回报率		7.00%	7.00%	7.00%	7.00%	7.00%	7.00%	7.00%	7.00%	7.00%	7.00%
1.2	建设总投资	—	23029.00									
1.3	可用性付费	32788.12	3278.81	3278.81	3278.81	3278.81	3278.81	3278.81	3278.81	3278.81	3278.81	3278.81
二	绩效付费											
2.1	合理利润率		7.00%	7.00%	7.00%	7.00%	7.00%	7.00%	7.00%	7.00%	7.00%	7.00%
2.2	运营成本	7330.22	733.02	733.02	733.02	733.02	733.02	733.02	733.02	733.02	733.02	733.02
2.3	运营维护绩效付费	7843.33	784.33	784.33	784.33	784.33	784.33	784.33	784.33	784.33	784.33	784.33

续表

序号	项目名称	合计	3	4	5	6	7	8	9	10	11	12
三	政府可行性缺口补助(含税)(三=1.3+2.3-当年项目租金收入)	27724.39	2856.18	2821.29	2786.39	2751.50	2751.50	2751.50	2751.50	2751.50	2751.50	2751.50
四	政府可行性缺口补助(扣除租金费用)(不含税)	26155.08	2694.51	2661.59	2628.67	2595.76	2595.76	2595.76	2595.76	2595.76	2595.76	2595.76

表5-18 相关税金

序号	时期 年份	合计	1	2	项目运营期 3	4	5	6	7	8	9	10	11	12
1	增值税				0.00	0.00	0.00	0.00	0.00	0.00	0.00	0.00	183.94	241.28
1.1	运营进项税				36.54	36.54	36.54	36.54	36.54	36.54	36.54	36.54	36.54	36.54
1.2	建设进项税	989.97	989.97	989.97										
1.3	销项税				274.00	275.27	276.54	277.82	277.82	277.82	277.82	277.82	277.82	277.82
	住宅出租销项税				20.75	23.71	26.67	29.64	29.64	29.64	29.64	29.64	29.64	29.64
	住宅物业费销项税				1.97	2.26	2.54	2.82	2.82	2.82	2.82	2.82	2.82	2.82
	商业出租销项税				76.54	76.54	76.54	76.54	76.54	76.54	76.54	76.54	76.54	76.54
	商业物业费销项税				2.62	2.62	2.62	2.62	2.62	2.62	2.62	2.62	2.62	2.62
	商业广告费销项税				5.09	5.09	5.09	5.09	5.09	5.09	5.09	5.09	5.09	5.09
	停车费销项税				5.35	5.35	5.35	5.35	5.35	5.35	5.35	5.35	5.35	5.35
	政府可行性缺口补助销项税				161.67	159.70	157.72	155.75	155.75	155.75	155.75	155.75	155.75	155.75
1.4	抵扣额				274.00	275.27	276.54	277.82	277.82	277.82	277.82	277.82	93.88	36.54
1.5	待抵扣税额				1742.47	1503.73	1263.73	1022.45	781.17	539.89	298.62	57.34	0	0
2	城建税				0	0	0	0	0	0	0	0	9.20	12.06
3	教育税及附加(含地方)				0	0	0	0	0	0	0	0	9.20	12.06

表 19 项目投资现金流量表

序号	项目	合计	1	2	3	4	5	6	7	8	9	10	11	12
1	现金流入	40631.45	—	—	4063.14	4063.14	4063.14	4063.14	4063.14	4063.14	4063.14	4063.14	4063.14	4063.14
1.1	营业收入（不含税）	11705.83	—	—	1094.64	1126.28	1157.93	1189.57	1189.57	1189.57	1189.57	1189.57	1189.57	1189.57
1.2	政府可行性缺口补助（不含税）	26155.08	—	—	2694.51	2661.59	2628.67	2595.76	2595.76	2595.76	2595.76	2595.76	2595.76	2595.76
1.3	增值税销项税	2770.53	—	—	274.00	275.27	276.54	277.82	277.82	277.82	277.82	277.82	277.82	277.82
1.4	回收固定资产余值	—	—	—										
1.5	回收流动资金	—	—	—										
2	现金流出	30163.34	11000.00	11000.00	769.56	769.56	769.56	769.56	769.56	769.56	769.56	769.56	971.89	1034.97
2.1	建设投资	22000.00	11000.00	11000.00										
2.2	增值税进项税	365.38	—	—	36.54	36.54	36.54	36.54	36.54	36.54	36.54	36.54	36.54	36.54
2.3	经营成本	7330.22	—	—	733.02	733.02	733.02	733.02	733.02	733.02	733.02	733.02	733.02	733.02
2.4	增值税	425.21	—	—	—	—	—	—	—	—	—	—	183.94	241.28
2.5	城建税	21.26	—	—	—	—	—	—	—	—	—	—	9.20	12.06
2.6	教育税及附加	21.26	—	—	—	—	—	—	—	—	—	—	9.20	12.06
2.11	流动资金	—	—	—										
3	所得税前净现流（1-2）	10468.11	-11000.00	-11000.00	3293.58	3293.58	3293.58	3293.58	3293.58	3293.58	3293.58	3293.58	3091.25	3028.18
	调整系数		0.95	0.91	0.86	0.82	0.78	0.75	0.71	0.68	0.64	0.61	0.58	0.56

续表

序号	项目	合计	1	2	3	4	5	6	7	8	9	10	11	12
	所得税前净现金流量折现	2348.14	−10476.19	−9977.32	2845.12	2709.64	2580.61	2457.72	2340.69	2229.23	2123.07	2021.98	1807.39	1686.20
	累计所得税前净现金流量	10468.11	−11000.00	−22000.00	−18706.42	−15412.83	−12119.25	−8825.66	−5532.08	−2238.49	1055.09	4348.68	7439.93	10468.11
4	累计所得税前净现金流折现值	2348.14	−10476.19	−20453.51	−17608.39	−14898.75	−12318.14	−9860.42	−7519.73	−5290.50	−3167.43	−1145.45	661.94	2348.14
5	调整所得税	2359.78			237.80	237.49	237.17	236.85	236.85	236.85	236.85	236.85	232.25	230.82
6	所得税后净现金流 (3−5)	8108.33	−11000.00	−11000.00	3055.78	3056.10	3056.42	3056.73	3056.73	3056.73	3056.73	3056.73	2859.00	2797.36
	所得税后净现金流折现值	693.73	−10476.19	−9977.32	2639.70	2514.26	2394.78	2280.98	2172.36	2068.92	1970.40	1876.57	1671.60	1557.68
7	累计所得税后净现金流	8108.33	−11000.00	−22000.00	−18944.22	−15888.12	−12831.70	−9774.97	−6718.23	−3661.50	−604.77	2451.97	5310.97	8108.33
	累计所得税后净现金流折现值	693.73	−10476.19	−20453.51	−17813.82	−15299.56	−12904.77	−10623.79	−8451.43	−6382.51	−4412.11	−2535.54	−863.94	693.73

计算指标：

	所得税前	所得税后
项目投资财务内部收益率	7.10%	5.63%
项目投资财务净现值 (i=5%) (万元)	2348.14	693.73
动态回收期		11.55

(二) 项目融资后分析

(1) 确定融资方案,编制投资使用与资金计划表和投融资结构表

项目建设投资22000万元,按照建设期两年平均投入,建设期第一年贷款8500万元,第二年贷款9500万元,融资利率5.88%,则建设期两年产生利息1029万元,项目总投资23029万元,资本金5029万元,社会资本出资4777.55万元(占股95%),政府出资代表出资251.45万元(占股5%)。具体资金的投资使用和筹措计划和投融资结构如表5-20和表5-21所示。

表5-20 投资使用与资金计划表

序号	项目	合计	1	2
1	总投资	23029.00	11249.90	11779.10
1.1	建设投资	22000.00	11000.00	11000.00
1.2	建设期利息	1029.00	249.90	779.10
1.3	流动资金	—		
2	资金筹措	23029.00	11249.90	11779.10
2.1	自有资金出资	5029.00	2749.90	2279.10
	其中:用于建设期投资	4000.00	2500.00	1500.00
	用于建设期利息	1029.00	249.90	779.10
	用于流动资金	—		
2.2	借款	18000.00	8500.00	9500.00
2.2.1	长期借款	18000.00	8500.00	9500.00
	其中:用于建设期投资	18000.00	8500.00	9500.00
	用于建设期利息	—		
2.2.2	流动资金借款	—		
2.2.3	短期借款	—		
2.3	发行债券	—		
2.4	政府出资	—		
2.5	其他资金	—		

表5-21 投融资结构表

序号	项目名称	金额(万元)	占总投资比例	股权比例
1	投资总额	23029.00		
2	资本金	5029.00	21.84%	
2.1	社会资本方	4777.55	20.75%	95.00%
2.2	政府出资	251.45	1.09%	5.00%
3	贷款	18000.00	78.16%	
	银行1			
	银行2			

(2) 编制借款还款计划表

建设期融资总额 18000 万元，在运营期按照等额本息的方式分 10 年偿还。每年偿还 2431.74 万元。借款还款计划详见表 5-22。

(3) 编制总成本费用表

总成本费用表中，总成本费用主要包含运营成本、财务费用和折旧摊销值。项目资产按照无形资产在 10 年运营期内直线摊销完毕，不留残值。无形资产原值为 21049.07 万元，按照项目总投资 23029 万元扣除建设期进项税 1979.93 万元来计算。各年总成本费用详见表 5-23。

(4) 编制利润表、财务计划现金流量表、资本金现金流量表以及资产负债表

根据项目基础数据、融资方案以及资金结构等数据，分别编制利润表、财务计划现金流量表、资本金现金流量表和资产负债表，编制结果见表 5-24、表 5-25、表 5-26、表 5-27。

(5) 融资后计算结果分析与调整

① 项目生存能力分析：通过表 5-25 财务计划现金流量表可知，在项目既定前提条件下，累计盈余资金在建设期为 0，说明资金筹措与使用达到平衡，没有造成资金浪费；在运营期，每年累计盈余资金均为正数，说明项目在运营期不存在资金短缺的问题，项目具有财务生存能力。

② 项目偿债能力分析：根据表 5-22 借款还款计划表可知，运营期 10 年，每年偿债备付率均大于 1，项目具备还本付息的能力。

③ 项目盈利能力分析：项目投资财务内部收益率（税前）为 7.10%，税后为 5.63%，动态投资回收期为 11.55 年，资本金内部收益率 4.97%。从整体上来看，项目内部收益率处于中等稍偏下水平，由于融资成本为 8.53%，造成资本金内部收益率较低。对于社会资本来说，能否拿到较低成本的贷款资金，在很大程度上决定了能否做该项目，同时还要看回报机制设置中各个参数值的具体约定。对于能够做施工的社会资本来说，考虑到施工利润，本项目相对来说对其吸引力比只做投资的社会资本吸引力大，但同时也需要根据其自身的融资能力、资金结构的设计等条件来综合考量。

以上方案，展示了 PPP 项目中财务测算的方法和具体操作，对于测算后的调整，需要根据具体项目的自身情况、政府意愿以及潜在社会资本自身的条件进行综合考量循环调整，最终达到双方均能接受的条件。

表 5-22 借款还款计划表

序号	项目	建设期			运营期								
		1	2	3	4	5	6	7	8	9	10	11	12
1	长期借款												
	贷款年利率	5.88%	5.88%	5.88%	5.88%	5.88%	5.88%	5.88%	5.88%	5.88%	5.88%	5.88%	5.88%
1.1	年初借款余额	—	8500.00	18000.00	16626.66	15172.57	13632.98	12002.86	10276.89	8449.43	6514.52	4465.84	2296.69
1.2	当年新增借款	8500.00	9500.00										
1.3	当年应计利息	249.90	779.10	1058.40	977.65	892.15	801.62	705.77	604.28	496.83	383.05	262.59	135.05
1.4	当年还本付息	249.90	779.10	2431.74	2431.74	2431.74	2431.74	2431.74	2431.74	2431.74	2431.74	2431.74	2431.74
1.4.1	其中：还本			1373.34	1454.09	1539.59	1630.12	1725.97	1827.46	1934.91	2048.68	2169.15	2296.69
1.4.2	付息	249.90	779.10	1058.40	977.65	892.15	801.62	705.77	604.28	496.83	383.05	262.59	135.05
1.5	年末借款余额	8500.00	18000.00	16626.66	15172.57	13632.98	12002.86	10276.89	8449.43	6514.52	4465.84	2296.69	0.00
	利息备付率	0	0	0.90	0.97	1.06	1.18	1.34	1.57	1.91	2.47	3.54	6.84
	偿债备付率	0	0	1.26	1.26	1.26	1.25	1.23	1.22	1.21	1.20	1.18	1.16

表 5-23 总成本费用表

序号	项目名称	运营期										合计
		3	4	5	6	7	8	9	10	11	12	
1	运营成本	733.02	733.02	733.02	733.02	733.02	733.02	733.02	733.02	733.02	733.02	7330.22
2	财务费用	1058.40	977.65	892.15	801.62	705.77	604.28	496.83	383.05	262.59	135.05	6317.38
3	折旧摊销额	2104.91	2104.91	2104.91	2104.91	2104.91	2104.91	2104.91	2104.91	2104.91	2104.91	21049.07
3.1	折旧额											
3.2	摊销	2104.91	2104.91	2104.91	2104.91	2104.91	2104.91	2104.91	2104.91	2104.91	2104.91	21049.07
4	总成本费用	3896.33	3815.58	3730.08	3639.55	3543.70	3442.21	3334.75	3220.98	3100.52	2972.97	34696.66

表 5-24 利润表

序号	项目	合计	运营期 3	4	5	6	7	8	9	10	11	12
1	营业收入（不含税）	11705.83	1094.64	1126.28	1157.93	1189.57	1189.57	1189.57	1189.57	1189.57	1189.57	1189.57
2	可行性缺口补助（不含税）	26155.08	2694.51	2661.59	2628.67	2595.76	2595.76	2595.76	2595.76	2595.76	2595.76	2595.76
3	城建税	21.26	—	—	—	—	—	—	—	—	9.20	12.06
4	教育税及附加（含地方）	21.26	—	—	—	—	—	—	—	—	9.20	12.06
5	总成本费用	34696.66	3896.33	3815.58	3730.08	3639.55	3543.70	3442.21	3334.75	3220.98	3100.52	2972.97
6	其他费用	—										
7	其他收入	—										
8	利润总额	3121.73	−107.19	−27.71	56.52	145.78	241.63	343.12	450.57	564.35	666.42	788.23
9	弥补以前年度亏损	134.89			56.52	78.37						
10	应纳所得税额	3121.73	—	—	—	67.41	241.63	343.12	450.57	564.35	666.42	788.23
11	所得税	780.43	—	—	—	16.85	60.41	85.78	112.64	141.09	166.60	197.06
12	净利润	2341.30	−107.19	−27.71	56.52	128.93	181.22	257.34	337.93	423.26	499.81	591.17
13	期初未分配利润	3378.68	−107.19	−134.89	−78.37	−78.37	50.56	208.61	419.35	681.55	994.33	1344.73
14	可供分配利润	5719.98	−107.19	−134.89	−78.37	50.56	231.78	465.95	757.28	1104.81	1494.14	1935.90
15	提取法定盈余公积金 10%	598.99	—	—	—	—	23.18	46.59	75.73	110.48	149.41	193.59
16	可供投资者分配利润	5120.99	−107.19	−134.89	−78.37	50.56	208.61	419.35	681.55	994.33	1344.73	1742.31
18	未分配利润	5120.99	−107.19	−134.89	−78.37	50.56	208.61	419.35	681.55	994.33	1344.73	1742.31
20	息税前利润（利润总额+利息支出）	9439.11	951.21	949.94	948.67	947.40	947.40	947.40	947.40	947.40	929.01	923.27
21	息税折旧摊销前利润	30488.18	3056.12	3054.85	3053.58	3052.31	3052.31	3052.31	3052.31	3052.31	3033.91	3028.18

表 5-25 财务计划现金流量表

序号	项目名称	合计	1	2	3	4	5	6	7	8	9	10	11	12
1	经营活动净现金流量	31687.68	—	—	3293.58	3293.58	3293.58	3276.73	3233.18	3207.80	3180.94	3152.50	2924.65	2831.12
1.1	现金流入	40631.45	—	—	4063.14	4063.14	4063.14	4063.14	4063.14	4063.14	4063.14	4063.14	4063.14	4063.14
1.1.1	营业收入（不含税）	11705.83	—	—	1094.64	1126.28	1157.93	1189.57	1189.57	1189.57	1189.57	1189.57	1189.57	1189.57
1.1.2	可行性缺口补助（不含税）	26155.08	—	—	2694.51	2661.59	2628.67	2595.76	2595.76	2595.76	2595.76	2595.76	2595.76	2595.76
1.1.3	销项税	2770.53	—	—	274.00	275.27	276.54	277.82	277.82	277.82	277.82	277.82	277.82	277.82
1.2	现金流出	8943.77	—	—	769.56	769.56	769.56	786.41	829.97	855.34	882.20	910.65	1138.49	1232.02
1.2.1	经营成本	7330.22	—	—	733.02	733.02	733.02	733.02	733.02	733.02	733.02	733.02	733.02	733.02
1.2.2	进项税	365.38	—	—	36.54	36.54	36.54	36.54	36.54	36.54	36.54	36.54	36.54	36.54
1.2.3	增值税	425.21	—	—	—	—	—	—	—	—	—	—	183.94	241.28
1.2.4	城建税	21.26	—	—	—	—	—	—	—	—	—	—	9.20	12.06
1.2.5	教育税附加（含地方）	21.26	—	—	—	—	—	—	—	—	—	—	9.20	12.06
1.2.6	所得税	780.43	—	—	—	—	—	16.85	60.41	85.78	112.64	141.09	166.60	197.06
2	投资活动净现金流	−2317.38	−11000.00	−11000.00	—	—	−2431.74	−2431.74	−2431.74	−2431.74	−2431.74	−2431.74	−2431.74	−2431.74
2.1	现金流入	—	—	—	—	—	—	—	—	—	—	—	—	—
2.2	现金流出	22000.00	11000.00	11000.00	—	—	—	—	—	—	—	—	—	—
2.2.1	建设投资	22000.00	11000.00	11000.00	—	—	—	—	—	—	—	—	—	—
2.2.2	维持运营投资	—	—	—	—	—	—	—	—	—	—	—	—	—
2.2.3	流动资金	—	—	—	—	—	—	—	—	—	—	—	—	—
2.2.4	其他资金流出	—	—	—	—	—	—	—	—	—	—	—	—	—
3	筹资活动净现金流量	23029.00	11249.90	11779.10	−2431.74	−2431.74	−2431.74	−2431.74	−2431.74	−2431.74	−2431.74	−2431.74	−2431.74	−2431.74
3.1	现金流入	5029.00	2749.90	2279.10	—	—	—	—	—	—	—	—	—	—
3.1.1	资本金投入	18000.00	8500.00	9500.00	—	—	—	—	—	—	—	—	—	—
3.1.2	建设投资借款														

续表

序号	项目名称	合计	1	2	3	4	5	6	7	8	9	10	11	12
3.1.3	流动资金借款	—	—	—	—	—	—	—	—	—	—	—	—	—
3.1.4	债券	—	—	—	—	—	—	—	—	—	—	—	—	—
3.1.5	政府补助	—	—	—	—	—	—	—	—	—	—	—	—	—
3.2	现金流出	25346.38	249.90	779.10	2431.74	2431.74	2431.74	2431.74	2431.74	2431.74	2431.74	2431.74	2431.74	2431.74
3.2.1	各种利息支出	7346.38	249.90	779.10	1058.40	977.65	892.15	801.62	705.77	604.28	496.83	383.05	262.59	135.05
3.2.2	偿还债务本金	18000.00	—	—	1373.34	1454.09	1539.59	1630.12	1725.97	1827.46	1934.91	2048.68	2169.15	2296.69
3.2.3	应付利润（股利分配）	—	—	—	—	—	—	—	—	—	—	—	—	—
3.2.4	其他流出	—	—	—	—	—	—	—	—	—	—	—	—	—
4	净现金流（1+2+3）	7370.30	249.90	779.10	861.85	861.85	861.85	844.99	801.44	776.07	749.20	720.76	492.91	399.38
5	累计盈余资金	7370.30	249.90	—	1723.69	2585.54	3430.53	4231.97	5008.04	5757.24	6478.00	6970.91	7370.30	

表5-26 资本金现金流量表

序号	项目	合计	1	2	3	4	5	6	7	8	9	10	11	12
1	现金流入	40631.45	—	2279.10	4063.14	4063.14	4063.14	4063.14	4063.14	4063.14	4063.14	4063.14	4063.14	4063.14
1.1	营业收入（不含税）	11705.83	—	—	1094.64	1126.28	1157.93	1189.57	1189.57	1189.57	1189.57	1189.57	1189.57	1189.57
1.2	可行性缺口补助（不含税）	26155.08	—	—	2694.51	2661.59	2628.67	2595.76	2595.76	2595.76	2595.76	2595.76	2595.76	2595.76
1.3	销项税	2770.53	—	—	274.00	275.27	276.54	277.82	277.82	277.82	277.82	277.82	277.82	277.82
1.4	回收固定资产残值	—	—	—	—	—	—	—	—	—	—	—	—	—
1.5	回收流动资金	—	—	—	—	—	—	—	—	—	—	—	—	—
2	现金流出	37924.76	2749.90	2279.10	3164.76	3164.76	3164.76	3181.61	3225.17	3250.54	3277.40	3305.85	3533.69	3627.22
2.1	用于建设投资的资本金	4000.00	2500.00	1500.00	—	—	—	—	—	—	—	—	—	—
2.2	用于流动资金的资本金	—	—	—	—	—	—	—	—	—	—	—	—	—

续表

序号	项目	合计	1	2	3	4	5	6	7	8	9	10	11	12
2.3	经营成本	7330.22	—	—	733.02	733.02	733.02	733.02	733.02	733.02	733.02	733.02	733.02	733.02
2.4	进项税	365.38	—	—	36.54	36.54	36.54	36.54	36.54	36.54	36.54	36.54	36.54	36.54
2.5	增值税	425.21	—	—	—	—	—	—	—	—	—	—	183.94	241.28
2.6	城建税	21.26	—	—	—	—	—	—	—	—	—	—	9.20	12.06
2.7	教育税及附加	21.26	—	—	—	—	—	—	—	—	—	—	9.20	12.06
2.8	借款还本付息	25346.38	249.90	779.10	2431.74	2431.74	2431.74	2431.74	2431.74	2431.74	2431.74	2431.74	2431.74	2431.74
2.8.1	其中：还本	18000.00	—	—	1373.34	1454.09	1539.59	1630.12	1725.97	1827.46	1934.91	2048.68	2169.15	2296.69
2.8.2	付息	7346.38	249.90	779.10	1058.40	977.65	892.15	801.62	705.77	604.28	496.83	383.05	262.59	135.05
2.8	所得税	780.43	—	—	—	—	—	16.85	60.41	85.78	112.64	141.09	166.60	197.06
3	净现金流量	2706.68	−2749.90	−2279.10	898.38	898.38	898.38	881.53	837.98	812.61	785.74	757.30	529.45	435.92
	现值	859.96	−2618.95	−2067.21	776.06	739.10	703.91	657.81	595.53	550.00	506.50	464.92	309.56	242.74
	累计现值	859.96	−2618.95	−4686.16	−3910.10	−3171.00	−2467.09	−1809.28	−1213.75	−663.74	−157.25	307.67	617.23	859.96
资本金财务内部收益率		8.53%												

表 5-27 资产负债表

序号	项目		运营期											
		1	2	3	4	5	6	7	8	9	10	11	12
一	资产													
1	流动资产													
1.1	现金	—	—	861.85	1723.69	2585.54	3430.53	4231.97	5008.04	5757.24	6478.00	6970.91	7370.30

续表

序号	项目	运营期											
		1	2	3	4	5	6	7	8	9	10	11	12
1.2	交易性金融资产												
1.3	应收票据												
1.4	应收账款												
1.5	预付账款												
1.6	其他应收款												
1.7	存货	—	—	861.85	1723.69	2585.54	3430.53	4231.97	5008.04	5757.24	6478.00	6970.91	7370.30
2	长期资产		21049.07	18944.16	16839.25	14734.35	12629.44	10524.53	8419.63	6314.72	4209.81	2104.91	—
2.1	固定资产												
2.3	在建工程	10259.93											
2.4	无形资产												
	长期资产合计	10259.93	21049.07	18944.16	16839.25	14734.35	12629.44	10524.53	8419.63	6314.72	4209.81	2104.91	—
3	总资产	10259.93	21049.07	19806.01	18562.95	17319.89	16059.97	14756.50	13427.66	12071.96	10687.81	9075.82	7370.30
二	负债与所有者权益												
1	负债												
1.1	流动负债:												
1.1.1	短期借款												
1.1.2	应付票据												
1.1.3	应付账款												

续表

序号	项目	运营期 1	2	3	4	5	6	7	8	9	10	11	12
1.1.4	应付职工薪酬												
1.1.5	应交税费	−989.97	−1979.93	−1742.47	−1503.73	−1263.73	−1022.45	−781.17	−539.89	−298.62	−57.34	—	—
1.1.6	应付利息												
1.1.7	应付股利												
1.1.8	其他应付款												
	流动负债合计	−989.97	−1979.93	−1742.47	−1503.73	−1263.73	−1022.45	−781.17	−539.89	−298.62	−57.34	—	—
1.2	非流动负债:												
1.2.1	长期借款	8500.00	18000.00	16626.66	15172.57	13632.98	12002.86	10276.89	8449.43	6514.52	4465.84	2296.69	−0.00
	非流动负债合计	7510.03	16020.07	14884.19	13668.84	12369.25	10980.41	9495.72	7909.54	6215.91	4408.50	2296.69	−0.00
	总负债	7510.03	16020.07	14884.19	13668.84	12369.25	10980.41	9495.72	7909.54	6215.91	4408.50	2296.69	−0.00
2	所有者权益												
2.1	实收资本	2749.90	5029.00	5029.00	5029.00	5029.00	5029.00	5029.00	5029.00	5029.00	5029.00	5029.00	5029.00
	实收资本—政府投入	137.50	251.45	251.45	251.45	251.45	251.45	251.45	251.45	251.45	251.45	251.45	251.45
	实收资本—社会资本投入	2612.41	4777.55	4777.55	4777.55	4777.55	4777.55	4777.55	4777.55	4777.55	4777.55	4777.55	4777.55
2.2	资本公积—政府拨款	—	—	—	—	—	—	—	—	—	—	—	—
2.3	盈余公积	—	—	—	—	—	50.56	23.18	69.77	145.50	255.98	405.40	598.99
2.4	未分配利润	—	—	−107.19	−134.89	−78.37	5079.56	208.61	419.35	681.55	994.33	1344.73	1742.31
	所有者权益合计	2749.90	5029.00	4921.81	4894.11	4950.63	5079.56	5260.78	5518.12	5856.05	6279.31	6779.13	7370.30
3	负债与所有者权益合计	10259.93	21049.07	19806.01	18562.95	17319.89	16059.97	14756.50	13427.66	12071.96	10687.81	9075.82	7370.30
	平衡检验												

六、实施方案中的财务测算要求

（一）财务假设

PPP 项目合作期限一般在 10 年以上，很多因素具有不确定性，因此在财务测算中需要对很多前提条件进行假设设定，在实施方案中应对测算中的假设前提条件予以明确。

假设条件主要包括总投资构成、投资进度、资金结构、融资利率、借款还款期限、还款方式、相关税费（增值税及附加税、所得税等）及税率、折现率、折旧摊销方式、运营成本中的技术数据来源及组成、使用者付费的基础数据，等等。

（二）财务测算过程和财务分析

财务测算的具体过程可参照第三节，按照财务测算程序对项目的收入、成本、资金筹措及安排、融资方案、项目的盈利性、生存能力和偿债能力等进行测算。测算过程可以以文字的形式进行描述，也可以以表格的形式进行反映。以文字的形式进行描述，需要把财务测算的表格作为附表放在实施方案的最后。

财务测算完成后，需要对财务测算结果进行分析，对项目的盈利情况、在财务上是否可行，以及对社会资本的吸引力等项目经济情况进行明确的反映。如果项目内部收益率相对较低、NPV 出现负值，或者累计盈余出现负值，均说明项目在财务可行性上存在风险，对社会资本的吸引力存疑，有可能存在流标的风险，方案应对此作出说明，并给予客户充分提醒。

（三）实施方案中应放的表格

财务测算中常涉及的表格主要包括 13 张表，具体如下：项目总投资估算表（表 5-1）、运营成本表（表 5-2）、项目收入及税金表（表 5-3）、项目投资现金流量表（表 5-4）、投资使用与资金筹措计划表（表 5-5）、项目投融资结构表（表 5-6）、借款还款计划表（表 5-7）、总成本费用表（表 5-8）、利润表（表 5-9）、财务计划现金流量表（表 5-10）、资本金现金流量表（表 5-11）、投资各方现金流量表（表 5-12）、资产负债表（表 5-13）。

实施方案中所需的表格根据项目实际需要进行处理，但每一个实施方案至少应放以下 6 张表格：

① 投资使用与资金筹措计划表（表 5-5）。
② 借款还款计划表（表 5-7）。
③ 总成本费用表（表 5-8）。
④ 利润表（表 5-9）。
⑤ 财务计划现金流量表（表 5-10）。
⑥ 资本金现金流量表（表 5-11）。

本指南中的表格形式和内容作为参考，表格形式和内容可根据项目的具体情况和需要作出调整。

第六章 采购代理

本章内容编制依据：《中华人民共和国政府采购法》《政府和社会资本合作项目政府采购管理办法》《政府采购竞争性磋商采购方式管理暂行办法》《中华人民共和国政府采购法实施条例》《政府采购非招标采购方式管理办法》等。

一、采购代理业务准备工作

采购准备是指完成进入采购执行阶段包括但不限于备案、登记、CA锁办理、制订采购计划及实施程序所有准备工作。

准备阶段工作需特别强调的是要结合当地要求、政策文件、当地政府采购管理办法进行。要明确准备阶段需完成的所有工作，尽量做到提前准备、完善手续、资料不后补，规避采购代理机构的风险。准备阶段主要工作包括：

(一) 采购代理协议签订

PPP项目采购代理协议一般是指项目实施机构委托采购代理机构进行项目社会资本方的采购而签订的委托协议。

(1) 委托内容

委托内容包括：项目所在地备案入场手续办理；资格预审、采购文件编制与论证；资格预审挂网及报名；组织抽取评审专家并进行资格预审评审，发布资格预审结果公告和资格预审结果通知书；招标公告挂网及报名；组织抽取评审专家并对响应文件进行评审；组织确认谈判，签署谈判备忘录；发布预中标（成交）公告，发布中标（成交）公告，收取中标服务费并发中标通知书；发布诚信公告、合同公告；配合实施机构关于采购的其他工作。

(2) 收费方式

收费方式分为：收取中标服务费和收取实施机构代理服务费。中标服务费一般由中标社会资本在领取中标通知时一次性付清；实施机构代理服务费可以分阶段支付也可以采购工作结束后一次性付清，此费用由实施机构支付或实施机构向当地财政申请支付。需注意，如果付费方式为实施机构代理服务费，需在签订协议时让实施机构出示采购代理委托预算批复，协议金额超过一定限度根据规定还需走采购程序。

（二）项目所在地备案入场

项目所在地各部门备案入场一般指在财政部门采购办和公共资源交易中心的登记备案、入场手续办理。登记备案、入场手续办理一般需要提供多项公司资质资料原件，具体应提供的材料根据当地规定进行准备。登记备案程序和资料需与两部门准确沟通，提前准备，以免影响采购实施阶段的工作。同时还应和实施机构及财政部门明确是否需要办理其他手续（各省市有不同要求）。

（三）政府采购网和公共资源交易中心网账号及CA锁办理

此工作与第（二）条可同时办理也可分开办理（根据项目所在地规定进行）；两个账号是进行政府采购工作必须具备的条件，政府采购网账号一般只需办理省级，在审核时可以选取项目所在地进行审核；公共资源交易中心账号需在项目进行采购工作的公共资源交易中心办理，一般为市一级，交易平台的选取只能是本级或上级平台；CA锁的办理根据当地要求和规定进行。

（四）协助实施机构办理采购批复和项目登记

此阶段工作和第（二）条"采购代理机构在项目所在地各部门备案入场"的办理顺序根据项目实际情况而定。采购批复是由实施机构向当地财政部门提起的采购准许申请或预算申请；采购代理机构属于配合或催促实施机构进行办理；办理采购批复后项目才能在公共资源交易中心进行项目登记入场，在实施阶段才能预约和申请开标、评标室（或谈判室），然后进入采购执行阶段。采购批复和项目登记的具体要求严格按照当地程序进行办理、需填写的资料文件按照当地模板或工作人员指导进行。

（五）制订项目采购计划及采购实施程序

在采购代理协议签订后，通过和实施机构、财政部门的详细沟通，针对项目实际情况应制订项目采购计划及采购实施程序；同时配合当地各部门，参加与采购工作有关的会议，进入采购执行阶段。

二、资格预审

资格预审包括资格预审文件编制或审核、资格预审文件论证、资格预审公告和报名、资格预审评审等内容。

（一）资格预审文件编制

根据政府审批后的实施方案、财承报告、物有所值报告及项目其他资料（如项目会议纪要等）编制或审核资格预审文件。编制内容如下：

（1）资格预审公告

资格预审公告应当包括项目授权主体、项目实施机构和项目名称、采购需求、对社会资本的资格要求、是否允许联合体参与采购活动、是否限定参与竞争的合格社会资本的数量及限定的方法和标准，以及社会资本提交资格预审申请文件的时间和地点。

注意，提交资格预审申请文件的时间自公告发布之日起不得少于 15 个工作日。

（2）申请人须知

申请人须知包括采购项目信息，采购人和采购代理机构基本信息，招标范围及要求，申请人资格要求、财务要求、信誉要求、业绩要求，澄清、修改、补充通知要求，联合体规定，响应文件数量、格式、密封装订、签字盖章要求，资格预审评审小组组建要求等其他应该补充的申请人须知内容。

（3）项目情况说明

项目情况说明主要包括项目背景，项目建设规模与内容，项目运维内容，项目总投资、资金来源、合作期限、运作方式等需说明的内容。

（4）资格审查办法

资格审查包括资格审查办法前附表，审查办法、标准，审查程序、审查结果，重新进行资格预审的说明等内容。

（5）资格预审申请文件格式

资格预审申请文件格式包括资格预审申请文件目录及所有附件。

(二) 资格预审文件内部审核及专家论证

资格预审文件经过内部审核后提交实施机构或采购主管部门进行论证。是否需组织专家对资格预审文件进行论证及论证的方式由项目所在地规定决定。如不组织专家论证，应在实施机构盖章后进行资格预审公告挂网，如组织专家论证，则按照当地规定进行。

(三) 资格预审公告和资格预审报名

（1）资格预审公告

资格预审公告一般在省级政府采购网和公共资源交易中心发布，发布的具体顺序、媒体及办理程序严格按照当地规定进行。资格预审公告中的报名时间、地点、投标截止时间、开标室、评标室等内容应跟公共资源交易中心预约后填写，然后发布公告。预约资格预审前需检查前期准备工作是否已全部完成，以免影响资格预审工作的正常进行，过程中需加强和相关部门的联系沟通。

（2）资格预审报名

资格预审的报名分为线上和现场两种报名方式，具体选择的方式根据当地规定和条件选择；线上报名需在公共资源交易中心提前办理 CA 锁等准备工作，然后上线进行时间、场地预约，现场报名需提前现场预约时间、场地和办理现场报名相关手续及准备工作；资格预审报名时间从发布资格预审公告起不得少于 5 个工作日，递交资格预审申请文件的时间从公告发布之日起不得少于 15 个工作日；关于时间的要求也需结合当地的规定进行合理调整。

（3）资格预审文件答疑、澄清

资格预审答疑会根据具体情况选择是否组织；申请人应当在提交资格预审申请文件截止时间至少 5 日前书面提出澄清要求，招标人或代理机构在收到澄清要求后 24 小时内给予书面答复；参加资格预审的单位在收到澄清后 24 小时内给予确认，24 小时内未确认的视同已知晓和同意澄清内容；澄清内容应以加盖采购人和采购代理机构公章的书面形式通知所有报名资格预审的单位。

（4）资格预审文件修改、变更

采购人修改资格预审文件应当在提交资格预审申请文件截止时间至少 5 日前，不足 5 日的资格预审申请文件递交截止时间顺延，如修改内容影响资格预审响应文件编制的应当在资格预审文件递交截止时间 15 日前，不足 15 日的资格预审响应文件递交截止时间顺延；参加资格预审的单位在收到变更通知后24小时内给与确认，24小时内未确认的视同已知晓和同意修改、变更内容；修改、变更应以变更公告或加盖采购人和采购代理机构公章的书面形式通知所有报名资格预审的单位。

如需进行延期，重新预约开标评标时间、场地后在政府采购网和公共资源交易中心发延期公告；资格预审文件的澄清、修改、变更及延期公告作为资格预审文件的一部分，在专家评审时汇同原资格预审文件一起作为评审依据。

（四）资格预审评审专家抽取

关于资格预审评审专家的抽取一定要注意结合当地对专家数量、专家区域、所属专家库的规定，在资格预审公告和资格预审文件中进行说明。

（1）办理抽取专家的手续

抽取专家的手续严格按照当地规定进行，避免采购代理机构风险，抽取专家的手续一般在财政部门政府采购办或公共资源交易中心专家抽取室咨询和办理；办理过程需明确盖章签字的部门、专家抽取的数量和专业、专家抽取的时间及其他要求；专家抽取手续分为线上申请和现场申请，根据项目所在地规定选择抽取手续方式；特别注意的是，在采购代理工作中应尽量避免自行组织专家的情况；如确需自行组织也需实施机构组织，采购代理机构合理合法协助，同时督促实施机构办理自行组织专家的相关手续。要对专家抽取信息进行保密，不得泄露专家信息。

（2）评审专家抽取

办理完专家抽取手续、明确抽取时间后，需根据要求通知实施机构协调抽取专家的监督部门到场监督；各地抽取专家时程序和要求有较大区别，严格按照项目所在地要求进行抽取专家工作。

（五）资格预审评审

资格预审评审主要做好事前准备，保证程序合理、合规，严格控制评审过程合法、严谨，依法处理评审过程的突发事件。

（1）资格预审评审准备

资格预审评审准备包括通知项目相关各部门资格预审时间、地点；协调实施机构办理采购人代表授权并成立评审小组；通知实施机构协调监督部门到场参与评审，监督评标；协调公共资源交易中心做开标前准备，通知公共资源交易中心监督人员到场（如有）；拟定开标程序，并和实施机构确认开标程序是否符合要求；编制资格预审评审记录表格和资料（包括供应商签到表、与会人员签到表、开标流程、密封性检查表、审查委员会签到表、审查委员承诺函、初步审查表、详细审查表、审查结果汇总表、未通过资格预审的申请人名单、审查委员会劳务费领取表、审查记录表）。

（2）资格预审开标

① 递交资格预审响应文件截止时间，停止递交资格预审响应文件，组织开标。

② 宣布会场纪律、参与单位、参加资格预审单位名单，介绍代理机构工作人员安排，实施机构致辞，进行开标。

③ 检查响应文件密封情况，供应商互检，监督人员签字确认密封情况检查结果。

④ 宣布开标结束，进入响应文件评审。

⑤ 供应商代表就地等待，如有需要，审查委员会准许后进入评标现场向专家解释疑问。

⑥ 监督人员到监督室对评审进行监督。

（3）资格预审评审

① 开标结束，将密封完整的响应文件移至评标室，宣布评审开始。

② 组织专家签到和签承诺函，介绍评标流程和纪律，推举评标委员会组长。

③ 组长负责评标工作协调及组织评审过程争议问题解决。

④ 发评审表格、评标办法、响应文件、资格预审文件答疑补遗变更延期等材料，专家开始独立评审。

⑤ 过程中采购代理机构不能做影响专家评审的事情，也不能提供有偏向性或影响公平公正原则的建议，要制止专家带有偏向性的引导和言论，保证评审工作的合法合规合理，公开、公平、公正。

⑥ 对需要供应商现场澄清的情况，汇总评审委员会意见，经评审委员会同意后由监督部门人员陪同供应商代表进入评审现场进行澄清。

⑦ 处理评审过程中的其他突发状况，汇总评审结果，评审委员会签字，监督人员签字。

⑧ 发放评审劳务费用，评审结束，现场宣布资格预审结果。

（4）资格预审评审结果备案

评审完成后，将评审资料汇总，与财政部门和公共资源交易中心沟通备案流程（一般在评审前沟通），完成资格预审评审结果备案。备案流程一般分两种情况，一是分阶段进行备案，二是采购工作结束后整理成套资料统一备案。

（六）资格预审结果公示

在政府采购网和公共资源交易中心发布资格预审结果公示；包括通过资格预审的名单，未通过资格预审的名单及未通过的理由。

三、综合评审

（一）编制采购文件

根据财库〔2014〕215号文件规定：项目采购文件应当包括采购邀请、竞争者须知（包括密封、签署、盖章要求等）、竞争者应当提供的资格、资信及业绩证明文件、采购方式、政府对项目实施机构的授权、实施方案的批复和项目相关审批文件、采购程序、响应文件编制要求、提交响应文件截止时间、开启时间及地点、保证金交纳数额和形式、评审方法、评审标准、政府采购政策要求、PPP项目合同草案及其他法律文本、采购结果确认谈判中项目合同可变的细节，以及是否允许未参加资格预审的供应商参与竞争并进行资格后审等内容。项目采购文件中还应当明确项目合同必须报请本级人民政府审核同意，在获得同意前项目合同不得生效。

采用竞争性谈判或者竞争性磋商采购方式的，项目采购文件除上款规定的内容外，还应当明确评审小组根据与社会资本谈判情况可能实质性变动的内容，包括采购需求中的技术、服务要求以及项目合同草案条款。

注意，整个采购文件主要包含采购邀请或采购公告、竞争者须知、采购需求及项目边界条件、评审细则、合同条款、响应文件格式。

（1）采购邀请或采购公告

采购邀请一般情况下由采购人或采购代理机构向通过资格预审的供应商发出，而非通过交易平台（政府采购网、公共资源交易网等）发出，不适用于允许资格后审的PPP项目，采购邀请应至少按采购公告的标准编写。

在实际操作过程中，为保证采购信息的连贯性、对接政府采购交易系统和满足采购管理部门备案要求，多以采购公告代替采购邀请，采购公告应至少包含以下内容：项目基本情况（建设内容、运作模式、授权主题、采购人、项目编号、采购预算或招标标的)，供应商资格条件（资格预审合格或是否允许未参加资格预审的供应商参加资格后审等）、保证金递交方式、额度、账号，报名渠道、时间、地点、资料，采购人及采购代理的联系方式等。

(2) 竞争者须知

竞争者须知主要包括但不限于以下内容：竞争者须知（项目基本情况和核心边界条件），总则（项目概况、项目公司、采购范围等），采购文件（组成、澄清、修改、递交截止时间等），响应文件（组成、报价、响应文件有效期、保证金、响应文件编制），响应（响应文件密封、递交、修改与撤回），开标会（时间、地点、异议解决方式等），磋商或谈判程序（若有），响应文件评审（评审小组、评审原则、评审），合同授予（确定中标或成交供应商、预中标或成交公示、中标或成交公示、中标或成交通知、保证金退还、履约担保、合同签订等），纪律和监督（对采购人的纪律要求、对供应商的纪律要求、对评审小组的纪律要求、对参与评标活动的有关人员的纪律要求、投诉及处理），需要补充其他的内容。

(3) 采购需求及项目边界条件

项目背景，项目概况（项目范围、建设内容、工程量、工程量计价规则、估算总投资等），项目条件（风险分配、合作年限、运作方式、出资代表、股权比例、项目公司和股东各方回报机制、使用者付费预测、运营成本预测、价格调整机制、税收、前期费用分担、工程总承包、担保体系、大修费用、付费安排），服务需求（产出标准），项目相关批复（两个报告和实施方案批复、可研报告批复等）。

(4) 评审细则

评审原则、评审方法（低价中标法、综合评标法等）、评分标准、评审程序（初步评审、详细评审等）、其他说明。

(5) 合同条款

PPP 项目合同条款。

(6) 响应文件格式

编制原则：响应文件应跟前述内容（竞争者须知、采购需求及项目边界条件、评审细则、合同细则）对应。

(二) 发布采购公告

1. 采购文件调整

采购文件编制完成后提交采购人审查，并根据审查意见修改采购文件；涉及采购文件上会讨论的，代理机构会同咨询方应参会，负责解释和调整采购文件。

采购人确认采购文件后，还涉及采购文件论证的，采购代理机构应组织采购文件论证。论证小组人员含采购人代表及论证专家，论证专家根据地方规定抽取或自行组建，自行组建的应满足相关法律法规要求（人员、专业、库等）。采购文件论证地点根据地方规定执行，如在非公共平台（公共资源交易中心、政府采购中心）进行论证的，应保存论证视频资料。采购代理机构在论证现场修改采购文件，并将修改的采购文件提交论证专家小组签字确认，如不能在论证现场完成修改的，应在修改完成后，由论证专家小组每一位专家签字确认，形成采购文件终稿。

留存资料：采购人代表授权委托书、专家抽取申请表（或专家组建说明）、采购文件底稿、签到表、专家论证意见、修改并签字的采购文件。

2. 采购公告发布

采购代理机构将修改后的采购文件递交采购人加盖公章（不写具体公共日期），并加盖代理机构章提交政府采购中心和/或公共资源交易中心备案。

采购代理机构将采购文件（或采购公告）电子版上传至交易平台（省级政府采购网、项目所在地公共资源交易中心），提请平台审核通过，公告正式发布。

3. 供应商报名

线上报名的，供应商可以通过系统自行报名。线下报名的，由代理机构在交易平台规定的区域设点接受报名，报名时应做好供应商报名资格审查和登记工作。

4. 澄清、修改

采购人或者采购代理机构可以对已发出的采购文件进行必要的澄清或者修改。澄清或者修改的内容可能影响响应文件编制的，采购人或者采购代理机构应当在投标截止时间至少15日前，以书面形式通知所有获取采购文件的潜在供应商；不足15日的，采购人或者采购代理机构应当顺延提交响应文件的截止时间。

注意：供应商对采购文件存在疑问的，应书面提出，并要求采购人及采购代理对疑问事件作出答疑。采购人可按澄清和修改的时间节点进行答疑，答疑要通知所有获取采购文件的潜在供应商。

（三）评审小组组建

财库〔2014〕215号：项目实施机构、采购代理机构应当成立评审小组，负责 PPP 项目采购评审工作。评审小组由项目实施机构代表和评审专家共五人以上单数组成，其中评审专家人数不得少于评审小组成员总数的三分之二。评审专家可以由项目实施机构自行选定，但评审专家中至少应当包含 1 名财务专家和 1 名法律专家。项目实施机构代表不得以评审专家身份参加项目的评审。

采购人代表由项目实施机构派出，参与评审时应携带授权委托书和身份证原件。

评审专家由代理机构组织抽取。代理机构填写专家抽取申请表（申请表按当地规定执行，但至少包含以下内容：项目基本情况、评审时间、抽取人数、专业、回避名单），加盖业主单位公章，在评审前一个工作日到政府采购办或公共资源交易中心抽取专家，代理机构和/或采购人代表应在专家抽取现场负责对接。

采购人（项目实施机构）自行组建专家的，代理机构应实现征求采购主管部门和/或公共资源交易中心的意见，若采购主管部门和/或公共资源交易中心反馈不同意意见，则应在规定的专家库中抽取；若采购主管部门和/或公共资源交易中心原则上同意，则采购代理机构应代采购人草拟情况说明（说明应包括自行组建专家小组的依据、专家身份证件、专家职称证等），盖采购人公章，递交采购主管部门和/或公共资源交易中心备案。

（四）开标、评审

1. 资料准备

需要准备好采购文件（至少每个评委一本），单独打印的评分标准，评审相关的表格、白纸、签字笔、打印机、剪刀、计算器、订书器等材料。

2. 开标到场成员

开标到场成员包括供应商或其授权代表、采购人代表、监督人（财政局、纪检委、发改委等）、公证处人员（若有）、政府采购中心或公共资源交易中心项目负责人、代购代理机构工作人员（主持人、唱标人、记录人）。

3. 收取响应文件

采购代理机构在响应文件递交截止时间前至少半小时到开标室收取响应文件，做好响应文件接收和登记工作。响应文件接收登记表至少包含单位名称、授权人代表名字及其身份证号码、联系方式、递交响应文件时间。

附在响应文件上的资料还应包括供应商法定代表人身份证明（说明、身份证原件）或其授权委托人的授权委托书及其身份证原件、备审查的资料（资格预审合格通知书、业绩合同、联合体协议、审计报告、纳税证明、资信证明文件等）。

响应文件递交截止时间之后，代理机构不再接收响应文件。代理机构响应文件收取人员、采购人代表（或监督人）在响应文件递交登记表签字确认。

4. 开标

在响应文件递交截止时间后，代理机构组织现场开标，开标现场主席台就座人员应至少包括采购人代表、监督人员、代理机构工作人员。开标程序如下：

（1）开会

（项目名称）响应文件递交截止时间到，会议开始。首先代理机构宣布开标会会场纪律：参加会议的所有成员在会议期间必须将携带的手机调为振动或静音，会议期间不许接听电话，不许大声喧哗；会议期间所有供应商不得提前退场，宣布开标会结束后，方可离开。

（2）介绍出席人员

采购人、监督单位、采购代理机构等。

（3）领导讲话

采购单位领导讲话主要内容如下：

介绍响应文件递交情况

（代理机构）受（采购人）的委托，采用（采购方式）采购（项目名称）社会资本。在响应文件递交截止时间（___年__月__日__时）前，本项目共有_____家供应商递交了响应文件，分别是：（供应商名称）。

非常感谢各供应商对本项目招标工作的支持。

本次开标会将在监督部门的监督下，严格按照《政府和社会资本合作项目政府采购管理办法》《中华人民共和国政府采购法》《中华人民共和国政府采购法实施条例》及其他相关法律法规的规定，对所有递交的合格响应文件进行公开开标。开标会结束后，由评审委员会对各响应文件按照有关法律法规和招标文件的规定进行评标。

（4）公开开标

介绍本次开标会工作人员：

主持人： 记录人： 唱标人：

公开唱标：

① 响应文件密封情况检查。首先由各供应商代表对所有递交的响应文件的密封情况进行核验，采购人代表和/或监督人员检查确认，经确认无误后，

各方在（响应文件密封性检查表）签字确认。

② 签字确认后由供应商当众拆封。

③ 代理机构工作人员开启响应文件。

唱标人公开启封响应文件信封，宣读供应商名称、报价以及采购文件规定的其他内容，记录人做好唱标记录。

④ 签字确认。唱标结束后，当场填写（打印）开标记录表，并由供应商代表、招标人、记录人员、唱标人员签字。

(5) 开标会结束

开标会结束，进入评审、磋商或谈判阶段。代理机构将评审、磋商或谈判所需资料（办公用品、采购文件、开标记录、评标表格、报价函）转移至评标室或谈判室。

5. 评标、磋商或谈判

(1) 评标

评审小组成员应当按照客观、公正、审慎的原则，根据资采购文件规定的程序、方法和标准进行独立评审。已进行资格预审的，评审小组在评审阶段可以不再对社会资本进行资格审查。允许进行资格后审的，由评审小组在响应文件评审环节对社会资本进行资格审查。

评审小组根据评审情况编写评审报告，评审小组成员应当在评审报告上签字。对评审报告有异议的，应当在报告上签署不同意见，并说明理由，否则视为同意评审报告。

注意，评审涉及的文档包含但不限于：评审专家签到表，评审委员承诺书、资格性审查表、符合性审查表、评委打分表、评委打分汇总表、推荐候选人名单、评审报告。

评审结束后，由采购代理机构进入评标区域，收取评标资料，评审过程资料经检查无误（打分计算错误、签字不全等），评审专家即可退出评标室。

注：公开招标评审活动多在封闭评标区，人员进入时必须过安检，且采购代理机构将文件转移至评标室后，应立即离开评标室，在评标区外等候，只有在评审委员会叫到答疑时或收取评审结果时，才能允许人员进入评标室。

(2) 竞争性磋商

采用竞争性磋商的，磋商活动在开放的谈判室进行。

① 磋商小组在对响应文件的有效性、完整性和响应程度进行审查。

② 磋商小组所有成员应当集中与单一供应商分别进行磋商。

在磋商过程中，磋商小组可以根据磋商文件和磋商情况实质性变动采购需求中的技术、服务要求以及合同草案条款,但不得变动磋商文件中的其他内容。实质性变动的内容,须经采购人代表确认。

对磋商文件作出的实质性变动是磋商文件的有效组成部分,磋商小组应当及时以书面形式同时通知所有参加磋商的供应商。

供应商应当按照磋商文件的变动情况和磋商小组的要求重新提交响应文件,并由其法定代表人或授权代表签字或者加盖公章。由授权代表签字的,应当附法定代表人授权书。供应商为自然人的,应当由本人签字并附身份证明。

磋商结束后,所有实质性响应的供应商在规定时间内提交最后报价,提交最后报价的供应商不得少于3家,最后报价是供应商响应文件的有效组成部分。

经磋商确定最终采购需求和提交最后报价的供应商后,由磋商小组采用综合评分法对提交最后报价的供应商的响应文件和最后报价进行综合评分。

评审时,磋商小组各成员应当独立对每个有效响应的文件进行评价、打分,然后汇总每个供应商每项评分因素的得分。磋商小组根据综合评分情况,按照评审得分由高到低顺序推荐3名以上成交候选供应商,并编写评审报告。

(3) 竞争性谈判

在谈判小组对响应文件的有效性、完整性和响应程度进行审查合格的前提下,供应商提交最终报价。谈判小组应当根据评审记录和评审结果编写评审报告。

(4) 专家劳务费发放

代理机构根据省级政府采购主管部门给出的劳务费规定向评审专家发放劳务费,评审专家签字确认。

(5) 评审资料

评审文档资料复印件应递交一份给政府采购管理部门或公共资源交易中心备案使用,同时应提交一份评审报告给采购人。

(五) 采购确认谈判

PPP项目采购评审结束后,代理机构协助项目实施机构应当成立专门的采购结果确认谈判工作组,负责采购结果确认前的谈判和最终的采购结果确认工作。

谈判人员要求:财政预算管理部门、行业主管部门代表,以及财务、法律等方面的专家。涉及价格管理、环境保护的PPP项目,谈判工作组还应当包括价格管理、环境保护行政执法机关代表。评审小组成员可以作为采购结果确认谈判工作组成员参与采购结果确认谈判。

谈判通知：代理机构向排名第一的供应商发出谈判邀请。

谈判资料准备：PPP项目合同条款、供应商响应文件、采购文件等。

谈判议程：

① 主持人宣布会议开始。

② 双方介绍参会人员。

③ 主持人介绍谈判前有关工作情况，本次谈判进行的方式、注意事项等。

④ 双方以合同文本为基础，逐条进行确认。双方认为需要补充、完善或修改调整的内容，在讨论相应条款时提出，并就是否同意文本调整进行商谈，达成一致后继续进行，直至完成合同文本确认谈判。

⑤ 整理谈判中形成的意见和最终文本，形成谈判备忘录，双方谈判人员确认谈判结果并签字。

⑥ 谈判结束。

采购代理机构在谈判过程中应做好记录工作。

（六）公示、公告

采购代理机构将预中标、成交结果和根据采购文件、响应文件及有关补遗文件和确认谈判备忘录拟定的项目合同文本在省级以上人民政府财政部门指定的政府采购信息发布媒体上进行公示，公示期不得少于5个工作日。

采购代理应当在公示期满无异议后2个工作日内，将中标、成交结果在省级以上人民政府财政部门指定的政府采购信息发布媒体上进行公告，同时发出中标、成交通知书。

（七）合同签订

项目实施机构应当在中标、成交通知书发出后30日内，与中标、成交社会资本签订经本级人民政府审核同意的PPP项目合同。

（八）合同公示

采购代理机构应当在PPP项目合同签订之日起2个工作日内，将PPP项目合同在省级以上人民政府财政部门指定的政府采购信息发布媒体上公告，但PPP项目合同中涉及国家秘密、商业秘密的内容除外。

（九）保证金退还

采购人或者采购代理机构应当自中标、成交通知书发出之日起5个工作日内退还未中标、成交供应商的投标保证金，自政府采购合同签订之日起5个工作日内退还中标、成交供应商的投标保证金。

线上报名的并递交保证金的，由代理机构填写保证金退还申请单，加盖采购人公章、采购代理机构公章，上传至保证金收取平台（退还中标、成交供应商保证的还应上传已签定的PPP项目合同），由交易平台审核通过以后，自动退还到原保证金递交账户。

线下报名并递交保证金的，由代理机构递交纸质版资料（与线上相同）至政府采购交易平台，由社会资本代表携带授权委托书和项目基本资料（中标、成交结果通知书，营业执照等）至交易平台办理保证金退还事宜，保证金仍然退回原递交账户。

第七章 项目合同

一、总则

咨询机构可能接受委托的任务包括 PPP 项目合同的起草、审核、谈判、修改、执行解释等。无论委托人为政府方还是社会资本方,我们都需要遵循本节内容所列原则。

1. 明确任务核心

PPP 项目合同体系由多个合同构成,通常包括 PPP 项目合同、股东协议、履约合同(包括工程承包合同、运营服务合同、原料供应合同、产品或服务购买合同等)、融资合同和保险合同等。其中,PPP 项目合同是整个 PPP 项目合同体系的基础和核心。因此,我们作为 PPP 专业咨询机构,主要任务应当聚焦于 PPP 项目合同,以及必备的附件。其他合同,如工程承包合同、融资合同、产品购买合同等,均有成型的示范文本或格式合同,或者属于市场主体常用合同,一般不纳入服务范围。

2. 充分认识合同的重要性

首先,PPP 项目合同的签署标志着项目落地。对于客户而言,这是项目工作的阶段性成果。对于咨询机构而言,通常也是一个 PPP 咨询项目的完成。因此,合同对于各方来讲都具有较为重大的意义。

其次,合同区别于方案和论证,合同对双方有法律约束力,如不执行将承担法律责任。前期方案和论证虽然也很重要,但是属于政府方自己内部的程序,没有直接的法律责任。因此,政府和社会资本都会非常重视合同。

3. 合同要与前期方案、采购及响应文件保持一致

实施方案对项目的风险分配、交易结构、回报机制等确定了原则和方向,并经过了论证和审批。所以方案对合同起指导作用,合同必须与方案保持一致。《政府和社会资本合作项目财政管理暂行办法》(财金〔2016〕92 号文)第十七条也规定了行业主管部门、财政部分、法制部门等审核合同时重点关注与方案、采购文件的一致性问题。

采购文件和响应文件是合同达成的竞争程序文件，本身就应当是合同的组成部分，所以合同也不能背离招采文件的内容。具体说，如果响应文件没有完全响应采购文件的，合同内容应当以响应文件为准。

4. 合同要对实施方案予以深化、细化，具有可操作性

实施方案是原则性和方向性文件，核心内容可能明确、清晰并可操作，但不会事无巨细。所以，合同需要将整个项目合作周期内具体事项全部约定明确。

5. 合同内容要完整，形成闭环

首先，合同中需明确约定义务履行方，履行的时间、地点、方式，履行义务后获得的权利，违约责任。例如，PPP项目合同中关于融资的事项，需要明确乙方（项目公司及社会资本）负责融资；明确融资数额、进度要求，融资方式是否有限制，融资成本是否有限制，融资用途是否有限制；还需要明确的是，如果出现融资数额不足、时间不及时、成本过高、融资失败等情况的补救措施，承担的违约责任，达到什么程度甲方有权解除合同。

其次，合同对于整个合作期内全过程也要约定完整，形成闭环。例如，BOT项目中，合同应当约定项目公司注册事宜、工程前期工作事宜、融资事宜、投资建设事宜、验收事宜、运营事宜、付费或回报事宜、移交事宜、清算事宜等。

6. 要特别注意合同的相对性规则

合同的相对性规则是指，合同项目中的权利义务只能赋予给当事人或加在当事人身上，合同只能对合同当事人产生拘束力，而非合同当事人不能诉请强制执行合同。通俗地讲，只有合同当事人才能享有合同规定的权利，并承担该合同规定的义务，当事人以外的任何第三人不能主张合同上的权利，更不负担合同中规定的义务。

再进一步讲，在违约处理方面合同的相对性有三个层面的含义：第一，违约当事人应对因自己的过错造成的违约后果承担违约责任，而不能将责任推卸给他人。第二，在因第三人的行为造成债务不能履行的情况下，债务人仍应向债权人承担违约责任。债务人在承担违约责任后，有权向第三人追偿，债务人为第三人的行为负责，既是合同相对性原则的体现，也是保护债权人利益所必需的。第三，债务人只能向债权人承担违约责任，而不应向国家或第三人承担违约责任。

具体到PPP项目合同咨询业务，我们要注意如下几点：

① 实施机构与项目公司之间的合同不能给社会资本设定义务。

② 实施机构与社会资本之间的合同不能给项目公司设定义务。
③ 项目合同不能给非签约主体的政府机关设定义务。
④ 项目合同不能给政府出资代表设定义务。
⑤ 项目合同不能给项目金融机构设定义务。
⑥ 项目合同不能给施工单位、材料供应商等设定义务。
⑦ 项目合同不能给项目使用者设定义务。

7. 应当妥善处理社会资本与项目公司关于项目合同承接的问题

根据 PPP 政策文件的规定，以及目前业内通常做法，项目公司承接 PPP 项目合同可以采取如下几种方式：

① 项目实施机构与中选社会资本签署项目合同，待项目公司成立后，由项目公司与项目实施机构重新签署项目合同。

② 项目实施机构与中选社会资本签署项目合同，待项目公司成立后，由项目公司签署关于承继项目合同的补充合同。

③ 项目实施机构与中选社会资本签订意向书、备忘录或者框架协议，或者草签项目合同，待项目公司成立后，由项目公司与实施机构重新签署正式项目合同。

我们建议客户统一使用第二种方式，不使用第一和第三种方式。其理由如下：

第三种方式中实施机构和社会资本签署的意向书、备忘录、框架协议或者草签合同，法律效力存疑，日后发生纠纷，如果被司法部门认定为没有法律约束力，可能给客户造成重大损失。因此不可取。

第一种方式需要签署两份合同，两份合同的内容大部分重复，还需要明确第二份合同签署后第一份合同是否继续有效。如果前合同还有效，即存在到底谁执行项目的疑问，如果前合同失效，则实施机构与社会资本之间将丧失合同关系，没有办法再约束社会资本承担任何责任，因此也不可取。

我们认为，PPP 项目是政府和社会资本之间的合作关系。在采购时，是要求社会资本具有相应投资能力、管理经验、专业水平、融资实力以及信用状况良好。项目公司只是社会资本实现项目独立核算、方便融资、适度隔离风险的一个工具或手段。从法律关系的角度来分析，实施机构发出采购公告，就是发出了要约邀请，社会资本提交响应文件是发出要约，经评审、确认谈判、公示后，确定中标、成交社会资本，这是承诺。这些环节都是实施机构和社会资本之间的合同关系成立的程序。所以 PPP 项目合同应当是实施机构和社会资本之间的合同。因此，应当由实施机构和社会资本签署 PPP 项目合同，项目公司成立后，再由项目公司、实施机构、社会资本三方签署补充合同，明确项目公司继承社会资本的权利和义务，明确仍由社会资本享有或承担的权利和义务，明确社会资本对项目公司的履约是否承担责任，承担何种责任等。因此我们要求使用第二种方式，这样法律关系简单、清晰、有效。

8. 合同结构要科学合理。

目前，我国关于PPP项目的合同指南或示范文本有财政部的《PPP项目合同指南（试行）》（财金〔2014〕156号文），国家发改委的《政府和社会资本合作项目通用合同指南（2014年版）》，再早的还有原建设部的《城市供水、管道燃气、城市生活垃圾处理特许经营协议示范文本》（建城〔2004〕162号）和原建设部的《城镇供热、城市污水处理特许经营协议示范文本》（建城〔2006〕126号）。这些指南或示范文本对PPP项目合同的结构给出了很好的建议，都可以作为参考。

我们结合国家部委的指南和示范文本，并通过项目实践，也总结了一些经验，具体如下：

① 为了阅读方便，合同内容主要按照项目进展的时间顺序排列。以BOT项目为例，建议的合同内容顺序为：引言、定义和解释、合同主体（包含项目公司内容）、合作范围和期限、项目的投融资、项目前期工作、项目建设、项目运营和维护、项目移交、收入和回报、履约担保、保险、不可抗力和法律变更、违约责任、合同的解除、适用法律和争议解决、其他约定、合同附件。

② 简化专门的"定义"条款，在第一次使用某概念时对其定义。这样可以避免在合同开篇罗列许多定义，而定义不在特定的语境中很难被接受。这是一种方便阅读和执行的方式。

③ 不设专门的各方权利义务条款。因为一方的权利一般对应的是另一方的义务，在描述某一事项时，会说明某一方应当承担的义务。如果专门设置各方权利义务条款，实际上是一种重复，还容易出现矛盾。例如，付款条款中会约定甲方向乙方支付金额的日期和金额，这本身就是甲方的义务、乙方的权利。如果设置权利义务条款，还需要重复描述甲方有付款的义务，乙方有收款的权利。

④ 在合同履行条款中描述某一方义务时规定违约责任，在专门的违约责任条款中只规定特别普遍的和兜底性质的违约责任。这和"定义"条款的处理原则一致，即为了方便阅读和执行，在规定义务的同时，把责任明确出来。避免专门罗列许多条违约责任，而该条款又不在特定语境中。

⑤ 建议在合同正文前设置合同摘要，将核心条款要义简要阐述，以便阅读者在读繁复的正文前先对合同主要内容有个基本了解。这样做也很方便相关

领导作出决策。

9. 合同语言要严谨、准确，前后一致

这是所有合同都应当遵守的原则，但 PPP 项目合同因为篇幅相对更长，少则几十页上百页，多则数百页，所以更要特别注意语言的严谨和准确以及一致性。下面几点要特别关注：

① 概念要准确，保持前后一致，如合作期、建设期、运营期、交工、竣工、验收、运营、移交等。

② 标准要明确，并可执行，如造价审计标准、验收标准、绩效考核标准、违约标准、补偿标准等。

③ 时间、金额等数字要确定，如合同生效日、开工日、运营日、付费日、移交日、保证金、违约金、资本金、价格等。即使不能在合同签订时确定的数字，也要明确计算基准和公式。

二、引言、定义和解释

（一）PPP 项目合同主体

PPP 项目合同的主体分为主合同的主体和附件中协议类文件的主体。

① PPP 项目合同是通过政府的采购程序实现缔约，所以合同的政府方签约主体应当为项目采购人，一般在合同中称之为"甲方"。项目采购人一般为项目实施机构，所以 PPP 项目合同的甲方一般是项目实施机构。

② 有的项目中将政府出资代表也作为政府方签约主体之一。这样做是为了合同中为其设定义务，并对其有约束力。我们一般建议不将政府出资代表列为合同主体，因这样会增加合同的复杂性，多了一方主体，而大多数权利义务与其无关。如果涉及政府出资代表的权利义务，如出资义务、特殊的股东权利等，可以直接写明，再通过股东协议或章程的内容予以实现。

③ PPP 项目合同的社会资本方签约主体应当为采购程序中的中标或成交供应商，我们一般在合同中称之为"乙方"。中标或成交供应商为联合体的，应当由联合体成员共同作为乙方签署合同。为了对联合体成员作出区分，可以将其分别称之为"乙方1、乙方2……"。

④ 股东协议或章程：一般设定政府出资代表为"甲方"，社会资本为"乙方"。社会资本为联合体的，可以称之为"乙方1、乙方2……"。

注：社会资本为联合体的，联合体成员是否必须出资，这个问题目前没有强制性规定。因此，若联合体成员不出资，其不是股东协议的主体之一。但是，联合体号召人应当出资，我们也倡导联合体成员都出资。

⑤ 项目公司继承项目合同的补充协议：我们建议由三方签署，"甲方"为实施机构，"乙方"为社会资本，"丙方"为项目公司。

（二）签署时间和地点

建议在合同最开始，合同主体之前，写明合同的签署时间和地点。如"本合同由以下双方于××年××月××日在××签署。"

（三）背景和目的

建议在引言部分简要说明合同签署的背景以及招采程序。如实施方案论证和批准时间、资格预审时间、采购情况等。

（四）生效条件

建议合同一经签署即生效，不设生效的前提条件。其原因如下：

财政部PPP项目合同指南列举了"融资交割""项目获得审批""保险生效""实施合同签署"等生效条件，并认为是降低项目风险的手段。

如果设置了生效的前提条件，会带来一系列问题。如条件是整体合同生效的前提条件，还是部分条款的生效前提条件，如何进行区分；如果合同未生效，社会资本融资会不会遇到障碍；如果因一方原因导致超过一定期限条件仍未成就，另一方可否追究违约责任，可否不再采购而与下一顺位的社会资本签署合同，已经完成的工作如何处理？

这些问题从法律和合同的角度都可以找到答案。但是，PPP项目合同本就已经十分复杂，法律关系从简处理会更有利于项目执行。因此，建议不设生效前提条件。

（五）定义和解释

这部分内容应从简，对于使用率特别高的概念予以定义和解释，避免定义中所列概念在合同中根本不会用到的情况。

三、项目公司

关于项目公司的内容,建议单设一个章节,主要描述项目公司的设立要求、运营管理和股权转让限制等。

(一) 项目公司设立要求

需要明确项目公司注册的责任主体,一般以社会资本为主,政府出资代表予以配合。另外,需要明确的事项包括:注册资本金及项目资本金金额、比例、到位时间,注册时间和地点范围,项目公司继承项目合同的具体方式等。

(二) 项目公司经营管理

建议在这部分内容中应列明项目公司管理架构,包括政府出资代表的董事、监事及其他人员的委派权,政府出资代表股东或其委派的董事等人员所享有的特别权力,如一票否决权、监督权或决策权。

建议对政府出资代表的特别权力规定明确且具体的标准,以便于后期执行方便。

政府方股东是否参与分红,也是应当约定的内容。

(三) 股权变更限制

① 股权变更限制条款是核心条款之一

对于政府方而言,限制项目公司股权结构变更的目的主要是为了避免不合适的主体被引入到项目的实施过程中。由于在项目合作方选择阶段,通常政府方是在对社会资本的融资能力、技术能力、管理能力等资格条件进行系统评审后,才最终选定社会资本合作方。因此如果在项目实施阶段,社会资本将自身或项目公司的部分或全部股权转让给不符合上述资格条件的主体,将有可能直接导致项目无法按照既定目的或标准实施。

对社会资本而言,其希望通过转让其所持有的项目公司股权的方式,来吸引新的投资者或实现退出。保障其自由转让股权的权利,有利于增加资本灵活性和融资吸引力,进而有利于社会资本更便利地实现资金价值。因此,社会资本当然不希望其自由转让股份的权利受到限制。

② 股权变更限制条款约束的是项目公司股东。由于股权的所有者是股东,

限制股权转让只能针对股东。换句话说，股权变更限制条款是不能由项目公司继承的。另外，一般政府出资代表的股权转让不受限制，也就是说，股权变更限制一般只约束社会资本股东。

③ 项目公司直接的股权变更是主要的限制范围。为了避免投资人搭建多层级的投资架构以规避股权锁定，也可以将项目公司各层级母公司的股权变更均纳入股权变更的限制范围。但对于母公司股权变更的限制，一般仅限于可能导致母公司控股股东变更的情形。另外还可以将"并购、增发等其他方式导致的股权变更""股份相关权益的变更"考虑进入股权变更限制范围。

④ 股权变更限制通常通过设定股权锁定期来实现。目前没有股权锁定期期限的强制性规定，但财金〔2014〕156号文给出了一个建议：自合同生效日起，至项目开始运营日后的一定期限（例如2年，通常至少直至项目缺陷责任期届满）。目的是为了确保在社会资本履行完其全部出资义务之前不得轻易退出项目。

⑤ 股权锁定也可以约定例外情况，如项目贷款人为履行本项目融资项下的担保而涉及的股权结构变更，将项目公司及其母公司的股权转让给社会资本的关联公司等。

⑥ 建议的股权变更限制约定方式：股权锁定期内，社会资本所持项目公司股权不得发生变更，但经政府方书面同意的情况除外。股权锁定期满后，社会资本所持项目公司股权发生变更的，应当提前告知政府方。

四、项目的范围和期限

（一）项目的范围

① 本条款用以明确约定在项目合作期限内政府与社会资本的合作范围和主要合作内容。根据项目运作方式和具体情况的不同，合作范围可能包括设计、融资、建设、运营、维护某个基础设施或提供某项公共服务等。以BOT运作方式为例，项目的范围一般包括项目公司在项目合作期限内建设（和设计）、运营（和维护）项目并在项目合作期限结束时将项目移交给政府。通常上述合作范围是排他的，即政府在项目合作期限内不会就该PPP项目合同项下的全部或部分内容与其他任何一方合作。

② 本条款还应当明确项目的工程范围，如有无子项目、项目选址及红线、项目投资估算或概预算等。

③ 建议本条款中对政府方应当提供的条件予以明确，如项目建设运营所需的场地条件、交通条件、市政配套及外部设施设备或服务等。

(二) 合作期限

① 本条款应当明确合作期限及其构成，例如建设期几年，运营期几年。如果涉及多个子项目的，应当明确各子项目的合作期限是统一计算还是单独计算。

② 由于 PPP 项目的实施周期通常较长，且建设期有较大的不确定性，因此，合同中应当设置各种因素导致期限变化的调整机制。

③ 期限调整机制的设置需要结合项目情况。例如，使用者付费项目或者使用量付费项目，社会资本通过取得运营收入收回投资并获得回报，一般运营期越长，收益越好，所以社会资本不希望因非自身因素而缩短运营期。而有些可用性付费项目，实质是将项目建设成本折算到运营期支付，一般运营期越长，社会资本投资回收越慢，所以社会资本希望运营期尽可能缩短并缩短支付周期。

④ 期限调整机制的设置需要考虑激励效果。例如，可用性付费项目可以约定"乙方通过提高投资建设效率，项目提前竣工的，运营期不变，合作期相应缩短。"以此激励社会资本提高建设效率以尽早收回投资。再如，使用者付费项目或者使用量付费项目可以约定"因乙方原因导致建设期延长，运营期相应缩短，合作期不变。"以此激励社会资本提高建设效率。

⑤ 期限调整机制的设置还需要考虑到极端情况。例如，涉及多个子项目，且多项目整体计算合作期限的，需要考虑到个别子项目因征地拆迁等各种因素导致的延期对整个项目带来的影响及处理方案。

五、项目的投融资

(一) 项目融资

① 融资是关系项目成败的最核心要素，因此，合同中务必约定明确。

② 首先要明确项目公司承担融资义务。对于各种与融资有关的风险也需要约定明确。例如，融资失败时，政府方是否有合同解除权。融资失败的判断标准是什么，比预计资金到位时间延期多久算融资失败？融资虽然失败，但社

会资本垫资进行建设是否也要承担违约责任？融资不足时政府方是否有合同解除权，融资不足的判断标准是什么，以融资金额为准还是以项目建设延期为准？融资成本变化与政府方的付费或者项目收费价格有无关联，如有关联，如何计算？

③ 需要根据项目约定项目公司的融资方式。项目公司或社会资本是否有权通过在相关资产和权益上设定抵质押担保等方式获得项目融资，以及是否有权通过转让项目公司股份以及处置项目相关资产或权益的方式融资。通过根据目前的市场情况，我们一般不建议过于严格地限制项目公司的融资方式。

④ 还应当明确约定社会资本对项目公司的融资义务是否承担责任，承担补充责任还是连带保证责任。

（二）项目投资

① 本条款主要约定政府方是否参与项目投资成本控制。对于使用者付费项目或者按使用量付费，一般根据项目产出数量和质量确定项目公司收入，政府方没有必要过度关注项目建设成本，此类项目可以将投资控制责任主要交由社会资本负责。

② 对于部分可用性付费项目，且项目公司收入与项目建设成本关联度特别高的项目，政府方应当承担投资控制的主要责任。此类项目建议执行政府投资项目管理程序，政府对工程预算、工程变更、工程过程审计进行严格管理。

六、项目前期工作

新建项目会涉及项目的前期工作。主要需要明确前期的工作内容，工作完成的主责方，完成时限的要求，以及所产生的费用如何处理。

（一）前期工作

前期工作一般包括以下内容：
① 立项手续，主要工作为编制项目建议书和可行性研究报告，并获得投资主管部门（发改部门）批准。
② 用地手续，主要包括用地预审和土地划拨或出让工作。
③ 环评手续，主要包括编制环境影响评价报告书（表）或备案表，并获得环保主管部门批准。

④ 规划手续，主要包括建设用地规划许可证和建设工程规划许可证的办理工作，由规划主管部门批准。

⑤ 施工许可或备案手续，主要包括确定工程设计、监理、施工单位，施工图审查等。

⑥ 其他手续，根据项目不同，可能包括节能审批、消防审批、人防审批、地震安全性评价等。

（二）前期工作主责方

① 项目前期工作一般根据项目实施方案的安排，在政府方和社会资本方之间进行合理分配。其中较为重要的是工程设计、监理、施工单位的选择权归属。

② 设计单位选择权：工程设计主要关系到项目建设成本、运营维护成本、技术工艺选择能否满足产出要求。因此，应当结合项目的回报机制和双方关注的焦点问题约定设计单位选择权。一般以建设成本确定项目公司收入的项目（如部分可用性付费项目），政府选择设计单位更好一些，如果由社会资本选择设计单位，政府也应当对设计文件有一定的审核权或监督权。以产出确定项目收入的项目（如使用者付费或按使用量付费项目），社会资本选择设计单位更合理，这样还可以避免出现产出质量问题时发生扯皮。

③ 监理单位选择权：同设计单位选择一样，前一类项目政府选择监理单位更合理，后一类项目社会资本选择监理单位更合理。

④ 施工单位选择权：因为PPP项目中一般将建设风险分配给社会资本，所以施工单位应当由社会资本选择。

⑤ 工程招标：根据《中华人民共和国招标投标法》，PPP项目的工程勘察设计、监理和施工应当通过招标选择实施单位。如果社会资本或其联合体成员具备相应的施工资质，项目又符合特许经营适用范围，采购社会资本采用了招标程序，合同中可以约定由社会资本或其联合体成员承接工程施工任务。

（三）时限和费用

① 项目前期工作的进展对项目合作期限影响较大，因此应当尽可能明确约定各项前期工作完成的时限要求，以便出现延期时判断责任。

② 前期工作的费用处理有两种方式。一种是无论哪一方负责，费用均由项目公司承担，计入项目建设成本。另一种是社会资本负责的前期工作费用由

项目公司承担,计入项目建设成本,而政府负责的前期工作费用由政府自行承担。对于第一种方式,需要解决的是政府负责的前期工作已经由政府支付的费用,还需要由项目公司拨付给政府,且可能有发票无法转移给项目公司的情况。

③ 前期工作费用中,支出金额最大的一般是征地拆迁费用。如果由项目公司承担,社会资本要求明确一个限额,以便于准确估计融资金额和控制投资。

七、项目建设或转让

新建项目会涉及项目的建设工作,存量项目会涉及先转让或者移交给社会资本,改扩建项目需要先转让或移交给社会资本,再进行建设。

(一) 项目建设

① 明确建设标准要求,如约定项目的建设应当依照项目设计文件的要求进行,并且严格遵守相关法律法规的规定以及国家、地方及行业强制性标准的要求。相关设计文件和技术标准通常可以作为合同的附件。

② 明确建设时间要求,也就是工期要求。在项目具备开工条件的情况下,可以在合同中约定完工日期。对于还需要进行大量前期工作,暂不具备开工条件的项目,可以约定以某项前期工作完成(如征拆或施工许可完成)为起点的施工期限(如150天)。还应当明确各种原因造成的工期延误情况下的违约责任。

③ 明确项目建设责任,通常约定由项目公司负责按照合同约定的要求和时间完成项目的建设并开始运营,该责任不因项目建设已部分或全部由项目公司分包给施工单位或承包商实施而豁免或解除。

④ 明确政府方监督权和介入权行使的条件和方式,包括定期获取有关项目计划和进度报告及其他相关资料;在不影响项目正常施工的前提下进场检查和测试;对建设承包商的选择进行有限的监控(例如设定资质要求等);在特定情形下,介入项目的建设工作,等等。本条款的约定应当明确具体,例如"定期"需要明确是每周、每月,还是每个季度。

⑤ 明确项目验收程序和标准。项目验收是核心条款。

a. 需要理清法律关系。PPP项目中的项目公司是业主/项目法人/工程发包人的身份。因此，应当由项目公司对施工单位的施工质量进行验收。

b. 需要清楚验收对于项目进入运营期，以及项目公司开始取得收入是特别关键的节点。

c. 基于以上两点，合同必须赋予政府方对验收结果的决定权，以此来确保工程实施达到了合同约定的目的。

d. 不同项目中政府方对验收的干预深度也不应当相同。部分以成本确定项目收入的可用性付费项目，例如市政道路项目，应当赋予政府方较全面的验收决定权，以确认工程质量达到了约定标准。有些使用量付费项目，如污水处理厂，社会资本更关心工程能否正常运营，保障污水处理达标，所以政府方可以不对验收过多介入，只要参与政府方特别关心的水质达标方面的验收即可，甚至可以将通过环保验收作为政府方认可验收结果的标志。

e. 需要注意的是，不同行业的项目验收程序是不同的。例如，交通工程先进行交工验收，试运营一段时间后再由交通主管部门进行竣工验收。再如，水利工程先进行法人验收，试运营经过一个完整汛期后再由水利主管部门进行竣工验收。而市政工程中业主竣工验收完成后，只需到建设主管部门备案即可。所以，政府方对验收的介入应当区分不同行业，合理设置介入验收的具体环节。

f. 政府方验收程序根据不同项目，可以参考工程建设相关法规对业主验收程序的规定。例如，项目公司向政府方提出验收申请，政府方在一定期限内予以验收，并签发验收证明文件。

g. 必须明确约定验收合格日期的确定方法。具体做法可以是以项目公司提出验收申请报告的日期，并在验收证明文件中载明。还需要约定验收不通过需要整改的情况，这种情况一般需要再次提出验收申请报告。另外，还必须约定政府方消极对待不予验收的情况，一般可以约定政府方收到验收申请报告一定期限内未进行验收的视为验收合格。

（二）项目转让

① 无论政府方向项目公司转让的是资产所有权还是经营权，实质都是将管理权移交给项目公司。转让程序与合作期满移交程序类似，只是方向相反。因此，可以参考期满移交条款编制。

② 与期满移交不同的是，转让一般涉及项目公司向政府方支付转让款。需要明确约定支付金额、支付条件、支付时间、支付次数、支付方式等。还应

当明确约定转让款支付与资产移交的先后顺序，与开始运营（涉及项目取得收入）的关联，支付延迟的违约责任，以及延迟达到何种程度政府方有权解除合同。

八、项目运营和维护

项目运营和维护可以分设条款进行约定，但由于其内存的关联性，以及部分运营与维护同质的项目，放在一个条款约定更简单、清晰。

① 项目运营的起始时点是核心条款，需要明定具体条件，如竣工验收合格。还要明确具体时点，如竣工日的次日。有多个子项目的，需要明确各子项目分别还是统一进入运营期，统一进入运营的，还要明确先竣工的子项目在整体项目进入运营期前是否允许使用，维护费用的承担方。

② 项目运营维护的内容和边界应当明确，如医院项目的运营是否包括医疗服务。

③ 项目运营的标准和要求应当明确，如服务范围和服务内容，生产规模或服务能力，运营技术标准或规范，产品或服务质量要求，安全生产要求，环境保护要求，等等。通常需要约定绩效考核办法，可以作为附件。还需要约定运营标准发生变化如何处理，如国家颁布新的强制性规范，需要增加投资或增加运营成本才能达到国家要求，应当约定解决程序。

④ 项目运营过程中一般需要进行定期重大维护或修复，属于计划内的暂停服务。运营期内如发生突发事件也可能造成项目暂停服务。合同中应约定这两种情况下各方应履行的义务和需要承担的责任。

⑤ 运营责任通常由项目公司承担，但有的项目政府方提供部分设施或服务，与项目公司负责建设运营的项目进行配套或对接，例如垃圾处理项目中的垃圾供应、供热项目中的管道对接等，运营责任需要有明确的划分标准。

⑥ 项目运营具有长期性、复杂性，且是项目建设的目的，因此，对于运营维护违约责任需要尽量考虑周全，约定清晰。

⑦ 明确政府方监督权和介入权行使的条件和方式，一般包括在不影响项目正常运营的情况下入场检查；定期获得有关项目运营情况的报告及其他相关资料（例如运营维护计划、经审计的财务报告、事故报告等）；审阅项目公司拟定的运营方案并提出意见；委托第三方机构开展项目中期评估和后期评价；在特定情形下，介入项目的运营工作；等等。

九、项目移交

项目移交分两种情况,一是合作期满正常移交,二是项目中途终止移交。

(一) 期满移交

① 明确移交范围,通常包括项目设施,项目土地使用权及项目用地相关的其他权利,与项目设施相关的设备、机器、装臵、零部件、备品备件以及其他动产,运营维护项目设施所要求的技术和技术信息,与项目设施有关的手册、图纸、文件和资料(书面文件和电子文档)等。

② 明确约定项目移交的条件和标准。权利方面的条件和标准包括项目设施、土地及所涉及的任何资产不存在权利瑕疵,其上未设置任何担保及其他第三人的权利。技术方面的条件和标准包括项目设施应符合双方约定的技术、安全和环保标准,并处于良好的运营状况。我们还应当对"良好运营状况"的标准做进一步明确。

③ 明确约定移交程序。一般包括评估和测试、交接手续等。

④ 明确约定移交费用承担方式。对于合同签署前可预见的移交费用(包括税费),社会资本在投标或响应时已经在财务安排中考虑的,应当由项目公司承担。对于无法预见的费用,一般建议由政府方承担,或由费用发生方承担,如政府方聘请第三方组织进行技术评估的费用,政府方应当承担。

(二) 提前移交

提前移交的情况更为复杂,要考虑到移交的时点可能在建设期,也可能在运营期。造成提前移交的原因可能是社会资本违约,也可能是政府方违约,还可能是不可抗力。建议参照期满移交的约定,再适当约定建设期移交,资产存在权利瑕疵、技术瑕疵等情况下的处理方式。

十、项目收入

项目收入是社会资本收回投资并取得合理回报的途径,因此,属于核心条款。项目收入一般有政府付费、使用者付费、可行性缺口补助三种情形。无论哪种机制,合同中均应当明确约定项目收入的构成、定价、调价等几个方面。

(一) 政府付费项目

(1) 收入构成

政府付费项目一般采用可用性付费或者使用量付费中的一种，绩效付费一般不独立存在，而是与可用性付费或者使用量付费搭配。因此，合同中应当明确政府向项目公司的付费由几部分构成。

(2) 定价

① 可用性付费尽量在合同中明确金额，包括总额和每次付费金额。无法确定金额的，应当约定计算公式。由于多数项目是由于使用量难以计量才采用可用性付费机制，所以，一般可用性付费是以项目投资成本（或加上运营维护成本）为计算基数的。可用性付费的计算公式必须准确界定项目成本的确定方式。如建安费成本以何种标准确定（仅写明以经审计的决算金额为准不可取，因为决算、审计，都需要以合同约定的计价方式为依据），工程建设其他费用如何确定，建设期利息如何确定等。运营维护成本如果未与可用性付费合并计算的，还要约定运营维护费用的价格或者计算方式。

② 使用量付费应当在合同中明确单价。由于此种项目通常设置最低需求保障和超额利润分享机制。因此，可以通过设置分层级价格的方式实现。例如，实际使用量低于最低使用量时，按单价＊最低使用量结算；实际使用量高于最低使用量，但低于一定额度时，按单价＊实际使用量结算；实际使用量高于一定额度时，超出该额度的用量按较低的单价结算。另外，使用量付费条款中还应当明确约定使用量的计量方法。

(3) 调价

调价是为了应对未来市场环境的波动对项目运营成本的影响。因此，调价仅针对项目收入中对应运营成本的部分。可用性付费中，仅与投资建设成本相关的部分一般不予调价，与运营维护成本相关的部分适用调价。使用量付费中，单价中对应投资建设成本的部分不予调价，对应运营成本的部分适用调价。所以，调价条款需要明确价格中的调整基数，约定调价的触发机制，如定期调价，或者运营成本因子中某一或某几个因子价格变动达到一定程度时调价。此外，还要约定调价的程序，是否需要项目公司申请，是否经过论证和审批等。建议采用公式法调价，这样明确易执行。采用公式法调价的，需要合理设置能够反映成本变化真实情况的调价系数。建议使用消费者物价指数、生产者物价指数、劳动力市场指数等有公开的权威数据的调价系数，这样更具有可操作性。

(4) 绩效考核

考核条款应当准确界定考核结果与付费的关联，避免出现难以执行的模糊约定，如约定"70—80分的按80％付款，80—90分的按90％付款"，那么正好80分，执行哪个标准？

(5) 支付条款

需要明确项目达到约定条件政府方才付费，通常条件是具备可用性或者开始运营。还需要明确约定支付时间、次数等。考虑如果运营期根据合作期限调整条款有所变化，制订支付次数和金额的调整方案。

（二）使用者付费项目

(1) 收入构成

如果项目运营内容单一，一般只有一种收入，如供水项目的售水收入。但如果运营内容多元化，项目收入就会包含多种收入，如旅游项目可能涉及门票收入、停车收入、住宿收入、餐饮收入等。

(2) 定价

使用者付费项目的定价有三种情况，一是根据《价格法》等相关法律法规及政策规定确定收费价格，可称为政府定价；二是由双方在 PPP 项目合同中约定收费价格，可称为协议价；三是由项目公司根据项目实施时的市场价格定价，可称为市场价。执行协议价的项目应当在合同中明确价格（如果涉及调价，可称之为初始价格）。

(3) 调价

完全执行市场价的项目不宜约定调价机制，应当由社会资本承担运营成本上涨的风险。执行政府定价的，有可能出现运营成本有较大波动但收费价格没有及时调整的情况，应当设置调价机制，但如果政府定价无法实现同步调整，则考虑财政予以补贴。执行协议价的项目，可以约定调价机制，可参考政府付费机制中使用量付费的调价机制进行约定。

（三）可行性缺口补助项目

(1) 收入构成

至少由使用者付费和财政补贴构成，如果涉及多项运营内容的，使用者付费部分还需要分解约定。

(2) 定价

可行性缺口补助项目定价更为复杂，涉及使用者付费与财政补贴两者间的关联。

① 如果使用者付费部分执行政府定价的，则定价一般是指财政补贴价格的确定。但使用者付费部分的现行法定价格也需要在合同中明确。财政补贴价格还需要分析其机制，如果与使用量相关，则建议以单价补贴的方式约定。如某收费桥梁项目，使用者付费为政府定价（每辆小轿车通行一次10元），财政补贴可以设置为每通行一辆小轿车补贴2元，另外还要考虑设置最低需求保障和超额利润分享机制（参见政府付费项目中的使用量付费部分）。

② 如果使用者付费部分执行市场价，则定价一般也是财政补贴价格的确定。此类项目一般社会资本对项目未来市场情况有一定预期，在预期基础上确定的财政补贴价格。因此，财政补贴应当为确定的金额，社会资本应当承担相应的市场变化风险。

③ 如果使用者付费部分执行协议价，则财政补贴的定价可与协议价合并考虑。即将使用者付费与财政补贴合并为协议价。例如，停车场项目，停车收费为每辆车每小时5元，财政补贴每辆车每小时2元，则可认为协议价为7元。

(3) 调价

调价与定价的原理类似，需要区分使用者付费的不同价格形成机制。使用者付费部分执行市场价的，由于社会资本有定价权，可以自主调整价格，且应承担市场风险，财政补贴部分也不应予以调价。使用者付费部分执行政府定价或协议价的，社会资本没有定价权，可以设置调价机制。调价原理与政府付费项目的调价原理类似，只是需要明确，调价是针对财政补贴部分，还是针对使用者付费部分；政府定价调整时财政补贴如何联动调整。

(4) 绩效考核与支付

此类项目涉及财政补贴，应当设计绩效考核和支付条款。

（四）税费

PPP项目的税费处理相当复杂，在合同中也属于核心条款。

① 应当明确约定税费承担方。如为项目公司承担所有税费（含税价），则只需要明确项目公司依法纳税即可。如政府方承担税费，就需要进一步约定税费的确定方式（例如以纳税证明文件为准），确定时间（例如每年5月份），政

府的承担方式（例如全额补偿给项目公司）。如果双方分担税费，例如项目承担所得税、政府方承担流转税，也需要进一步约定政府方承担部分的确定方式，确定时间，承担方式。

② 由于PPP项目税收方面的政策尚不健全，未来的不确定性较大。所以，在项目公司承担全部或部分税费的情况下，还需要明确约定合同签署时所假定的税种、税基、税率（财务测算的基础）。并约定后续项目实施中税务机关认定的税种、税基、税率如果与假定不同的处理方法。约定合同签署时所假定的税种、税基、税率，有利于项目实施期间税法发生变化时，判断税法变化对项目产生的影响（税法变化属于法律变更，一般视同不可抗力处理）。

（五）上级补贴

许多项目可能会有上级政府给予的补贴，但补贴是否能够落实、补贴种类、补贴金额、到位时间往往在合同签署时尚不能确定。因此，有必要在合同对未来可能有的上级补贴做出安排。例如，运营期到位的上级补贴用于抵减甲方付费。

十一、履约担保

PPP项目通过政府采购程序选择合作伙伴，根据政府采购相关法规，履约担保是必备条款。

（一）担保方式

（1）履约保函

保函在PPP项目中是应用最广泛的履约担保方式。保函是指金融机构（通常是银行）应申请人（项目公司或社会资本）的请求，向第三方（受益人，即政府方）开立的一种书面信用担保凭证，用以保证在申请人未能按双方协议履行其责任或义务时，由该金融机构代其履行一定金额、一定期限范围内的经济赔偿责任。在出具保函时，金融机构一般会要求申请人提供担保或使用其信用额度。

（2）其他

除了履约保函，还有其他担保方式，如履约保证金等。

（二）担保事项

（1）建设期履约担保

新建项目的建设期资金需求较大，且政府方一般较为重视建设的进度和质量。建设期又是合作双方刚开始磨合、探索，信任关系还不牢固。因此，建议设置建设期履约担保，且设置的标准应当是在出现违约的情形下政府有足够的救济手段。

（2）运营维护期履约担保

运营维护期履约担保主要用于确保项目公司履行期运营维护项目设施的义务，应当根据项目情况设置，没有必要的，可以不设置。例如，有的政府付费项目，政府按运营维护绩效考核结果向项目公司付费，如果项目公司在运营维护期违约，政府可以通过减少付费甚至停止付费等救济手段制约项目公司，就可以不设置运营维护期履约担保。

（3）移交担保

移交担保主要用于确保项目公司履约移交义务，可以根据项目具体情况设置。

（三）常见问题

应当由项目公司还是社会资本提供履约担保，是最常见的问题。重视担保的实质，即保障作用，给予社会资本一定的灵活度。即只要能够起到为项目公司履约提供担保的作用，不须纠结哪一方提供担保，即使第三方愿意提供担保，对政府方的保障作用也没有区别。

十二、保险

保险是转移风险的一种有效方法，但同时也会增加项目成本。保险条款中一般需要明确下列事项。

① 保险购买主体：一般为项目公司或社会资本。

② 险种和保额：如果在采购文件或者响应文件中已经有明确的保险方案，则应以该方案为标准确定险种和保额。如果采购文件或响应文件中没有保险方案，则应当根据项目实施方案和社会资本响应文件中财务测算所依据的保险内容确定。如果也没有保险相关内容，则应当明确险种和保额的决策权归属。另

外，一般建设期和运营期险种不同，应当分别约定。

③ 保费：需要根据项目回报机制确定保费的实际承担主体，这与上段所述险种和保额决策权归属是同一问题。例如，有的政府付费项目中，项目付费是以项目成本为基数的。这类项目的险种和保额决策权应当归属于政府方，保费一般计入项目成本。在使用者付费或者使用量付费项目中，项目公司并不会因增加了保险成本而增加项目收入。因此，保费是项目公司（社会资本）自行承担的，险种和保额决策权也应当归属于社会资本。同时，此类项目中除非采购文件或响应文件中有明确依据，不宜在合同中强行要求保险内容。

十三、不可抗力和法律变更

（一）不可抗力

① 定义：建议根据项目行业属性及具体情况对不可抗力予以定义，如果项目无特殊要求，可以不对其进行定义。

② 后果：不可抗力的法律后果是法定的，合同中可适当简述。不可抗力事件达到何种程度以及延续多久，合同一方可以解除合同，尽量予以明确。

（二）法律变更

① 定义：《中华人民共和国立法法》对"法律"有明确的定义，仅指全国人大及其常委会制定的法律。因此，如果我们的项目中拟做扩大解释，需要在合同中对"法律"及"法律变更"予以定义。例如：可以将"法律"定义为"全国人民代表大会及常务委员会制定的法律（狭义的"法律"）；全国人民代表大会常务委员会制定的法律解释（"法律解释"）；国务院制定的行政法规（"行政法规"）；各省、自治区、直辖市人民代表大会及其常务委员会制定的地方性法规、自治条例、单行条例；国务院各部、委员会、中国人民银行、审计署和具有行政管理职能的直属机构制定的部门规章（"部门规章"）；省、自治区、直辖市和较大的市的人民政府制定的地方政府规章（"地方政府规章"）；国家、地方及行业强制性技术标准和技术规范。"

② 政府方可控的法律变更：通常视为政府方违约处理。

③ 政府方不可控的法律变更：通常视为不可抗力处理。

十四、违约责任

根据法律原理,有义务才有责任。因此,违约责任应当与各方的合同义务对应。例如,政府方有付费的义务,则应当约定政府方付费延迟或者不付费的违约责任。违约责任应当将各方主要的合同义务履行不符合约定的各种情况约定明确。例如,项目公司有建设项目的义务,那么与其对应的建设质量不合格、进度拖期等违约责任应当约定明确。

如本章总则第 8 条第(4)项所述,我们建议在合同履行条款中描述某一方义务时规定违约责任,在专门的违约责任条款中只规定特别普遍的和兜底性质的违约责任。这样更方便阅读和执行。

(一)政府方常见的违约情形

政府方常见的违约情况如下:
① 付费违约。
② 前期工作办理违约。
③ 配套和保障措施违约。
④ 移交违约,如期满不接收项目设施。

(二)社会资本(或项目公司)常见的违约情形

社会资本(或项目公司)常见的违约情形如下:
① 融资违约,如延迟、失败。
② 建设质量、进度等违约。
③ 运营违约,如运营不达标。
④ 移交违约,如移交的设施不符合约定标准。
⑤ 股权锁定违约,如违约转让项目公司股权。

十五、合同解除

合同解除是合同终止的重要形式。合同解除的原因为协商、不可抗力或一方根本违约。合同解除的后果一般为提前移交项目,并给予社会资本合理补偿。

（一）合同解除权

① 不可抗力：需要根据项目具体情况，以及双方的预期，约定不可抗力对项目影响达到何种程度且持续多久，合同当事人有解除权。

② 政府方根本违约：需要约定政府方违反主要义务达到何种程度或者持续多久，社会资本或项目公司有解除权。

③ 社会资本或项目公司根本违约：需要约定社会资本或项目公司违反主要义务达到何种程度或者持续多久，政府方有解除权。

④ 政府方的任意解除权：指政府方享有单方面决定终止项目的权利。此种约定应当特别慎重，因为这违反了合同法的平等原则。

（二）终止补偿

① 不可抗力导致的合同解除：由于不可抗力属于双方均无过错的事件，且一般项目的不可抗力风险是双方分担的。因此，建议政府方给予适当补偿。建议补偿原则为社会资本收回投资。

② 政府方违约导致的合同解除：建议补偿原则为社会资本收回投资并能够获得合理回报。合理回报一般较难界定，建议以投资成本乘以一个系数确定，如 0.2。这样也可增加政府方的违约成本。

③ 社会资本或项目公司违约导致的合同解除：如果不属于政府必须收回的项目，可以约定政府方有权选择接收或不接收项目设施。政府方接收项目，则给予合理补偿；政府方不接收项目，则不予补偿。属于政府必须收回的项目，或者政府方选择接收项目的，建议补偿原则为社会资本收回部分投资。也可参照上文设定一个系数，如 0.8。

④ 特别提示：合同多采用公式方式约定补偿办法，需要特别注意公式的准确性。社会资本投资成本及回报在运营期一般要折现，这就需要特别注意选择折现率时要参考其回报率，以保证公平折现。

十六、股东合同和项目公司章程

股东合同或项目公司章程都是约定社会资本与政府出资代表在项目公司中的股东权利义务及如何管理项目公司的。章程是法定的必要文件，因此，建议起草项目公司章程，股东合同可以不必起草：

股东合同或章程与普通公司的股东合同或章程结构一样,主要内容与一致。PPP项目公司股东合同和章程特别的地方主要有以下几个方面。

① 股权锁定:应当将项目合同中关于股权变更限制的约定予以体现。

② 政府股东特别权利:应当将项目合同中关于政府股东从事委派权、特定事项决策否决权等事项予以体现。

③ 政府股东放弃分红权:有的PPP项目政府股东不分红,应当在股东合同和章程中予以体现。

十七、其他

下述事项一般也在合同中予以约定,包括:保密要求、通知和送达、适用法律、争议解决、廉政和反腐、合同份数。

北京中建政研信息咨询中心

北京中建政研信息咨询中心（以下简称"中建政研"）依托住房城乡建设部政策研究中心于 2004 年正式成立，现已在工程建设、投融资平台公司转型、国企改革、PPP、城建规划、事业单位改革、招投标、房地产、金融、财税、职业教育等领域形成多个版块相互融合、众多成员机构协同作战的产业集群和综合服务运营平台。中建政研拥有一支包括内部和外部专家顾问组成的 600 余人的专家团队，凭借全产业链服务优势，与相关政府部门和企事业单位签订了战略合作协议，积极把握客户需求和市场动向，形成"培训＋咨询＋资本＋资源"为一体的服务格局，现已成为国内较具专业和实力的咨询培训机构和会展组织机构之一、工程建设领域综合服务运营商、中国较权威和专业的 PPP 智库平台，连续多年在由中国企业联合会管理咨询委员会组织的"中国管理咨询机构 50 大名单"评选中名列前十。截止到 2018 年 2 月，中建政研已累计服务项目 600 多个，其中国家级示范项目近 50 个。

社团组织：
——首批财政部中国财政学会公私合作（PPP）研究专业委员会；
——首批财政部中国财政学会投融资研究专业委员会；
——发起成立全国工商联房地产商会新型城镇化产业发展分会；
——发起成立中国经济体制改革研究会产业改革与企业发展委员会 PPP 咨询与研究中心；
——发起成立山西省城镇协会政府和社会资本合作（PPP）研究中心。

国家级智库： 承接了多个国家级 PPP 领域的研究课题
——住建部：PPP 模式在城市综合管廊工程中的应用研究；
——国家能源局：民间资本投资电力领域的课题研究；
——正在申报：PPP 模式在土地一级开发与园区综合运营中的应用、PPP 模式在科技创新领域的应用、PPP 全过程投资控制机制研究。
——参与研究课题：安阳市 PPP 模式下项目公司运营期有效监管研究、鹤壁市 PPP 模式下 PPP 项目政府采购方式探析与研究、焦作市 PPP 模式下项目合同的设计与研究、周口市 PPP 项目的风险识别与分配、信阳市 PPP 模式下政府责任和监管的研究与思考、驻马店市 PPP 项目在发起阶段的筛选办法和原则、兰考县 PPP 项目在运作过程中存在的问题和困难。

图书出版

—已出版图书：《PPP 法律法规汇编全集》《关于政府和社会资本合作（PPP）模式最新热点问题研究》《政府与社会资本合作（PPP）模式》《地下综合管廊系列丛书》《中国 PPP 模式发展报告》。

参与立法与政策建议

—PPP 立法建议（财政部条法司）；

—地下综合管廊条例征求意见（住建部城建司）；

—PPP 立法建议（民间稿）。